JORGE BUCAY

20 pasos hacia adelante

integral

20 pasos hacia adelante

Autor: Jorge Bucay
Diseño de cubierta: Opalworks
Ilustración de cubierta: Opalworks

© del texto, 2007, Jorge Bucay
© de esta edición: 2007, RBA Libros, S.A.
  Pérez Galdós, 36 – 08012 Barcelona
  www.rbalibros.com / rba-libros@rba.es
© de esta edición: Editorial Nuevo Extremo S.A., 2007
  A. J. Carranza 1852 – (C1414COV) Buenos Aires – Argentina
  Tel/Fax: (54-11) 4773-3228
  www.delnuevoextremo.com / editorial@delnuevoextremo.com

Primera edición: Marzo 2007
Tercera edición: Abril 2007

Ref. OALR122
ISBN: 978-84-7871-882-5
Depósito legal: B-14.499-2007
Impreso por Printer

Índice

INTRODUCCIÓN

Desde que empecé a escribir para otros, hace más de veinte años, y sobre todo desde que alguien decidió apoyar mi osadía publicando lo que yo escribía, he intentado centrar cada una de mis palabras en aquellas ideas, sugerencias y propuestas que he encontrado útiles a lo largo de mi propio camino, y que por esa razón creí que podrían servir de ayuda a otros que transitan por espacios parecidos en su propia búsqueda.

A lo largo de estas dos décadas, intenté hacer en cada libro lo mismo que durante toda mi vida como profesional de la salud: por un lado, encender una pequeña lucecita, quizás ingenua o insignificante, con el propósito de ayudar a otros a iluminar las zonas que encuentre oscuras en su camino, y, por otro, ofrecer el tipo de ayuda que yo necesité en muchos momentos difíciles.

He querido aportar el estímulo externo, a veces imprescindible, para renovar la convicción de que lo que sigue puede ser y será mejor; el pensamiento, la frase o la palabra capaz de actuar como un detonador positivo para cada uno individualmente y, desde allí, para todos en conjunto.

Te propuse tantas cosas, que muchas ya las conocías:

- Repasar lo aprendido para compartirlo con los demás.
- Pensar en ti para después pensar en los demás.
- Anticipar el 'puedo' al 'quiero', para que el deseo no se viera condicionado por la fantasía de una limitación de tiempos pasados, donde posiblemente otro yo anterior no podía, no sabía o no quería saber.
- Terminar con el tiempo en el que aquellos que fuimos se quedaban dependiendo del cuidado de algunos y de la decisión de otros.

Pero en estas dos décadas creo haberte hecho dos claras propuestas, para mí fundamentales:

- Te propuse que te ocuparas de sentirte cada vez más vivo.
- Te propuse que trabajaras para volverte cada vez más sabio.

No creo que tenga la necesidad de contarte cuáles fueron las herramientas que utilicé para ayudarte en estos desafíos, lo sabes. He utilizado algunas ideas propias y muchas aprendidas, centenares de cuentos de todas las épocas y de todas las culturas. Pensamiento vivo y vigente de muchos maestros, enredado, expuesto y oculto en miles de relatos, anécdotas y leyendas urbanas que nos confirman una y otra vez que no estamos solos en nuestro camino, ni en el dolor, ni en las creencias, ni en los temores, ni en los buenos momentos.

Historias y conceptos que nos obligan a nuestra primera conciencia gregaria: no somos los únicos que sentimos el deseo de construirnos vidas cada vez más felices y mucho menos los únicos que tenemos el derecho de intentarlo.

Todo se puede simplificar y todo se puede complicar; y las dos cosas se pueden hacer con intención de ayudar a aclarar o como intento de confundir o esconder un fragmento de la verdad.

He querido empezar con este cuento como homenaje a la decisión de aquellos que trabajan a favor de que la ayuda sea ayuda y no solamente información inútil. Es una manera de agradecer a los que, como yo mismo, deciden siempre no complicar la realidad y un reconocimiento a todos los que, generosamente, comparten día a día lo poco o mucho que saben, con amor, profesionalidad y vocación de servir.

Hace muchos años, en plena carrera espacial, Estados Unidos y la Unión Soviética se esforzaban por ser los primeros en llegar a la Luna. La vanidad, el reconocimiento mundial, el prestigio científico y el presupuesto de la NASA y su equivalente ruso estaban en juego.

La tecnología era, por supuesto, la clave.

Tecnología y desarrollo al servicio de cada problema, de cada detalle, de cada situación que, con seguridad, se iba a presentar o que imprevistamente podía llegar a presentarse; sobre todo de cara a los efectos de la ausencia de gravedad y a los demás factores de la vida en el espacio.

La experiencia conllevaba dos grandes pasos, comunes a toda exploración científica: primero, hacerlo posible y, segundo, registrarlo todo. Dado que la informática no contaba todavía con microchips, era esencial que los astronautas realizaran registros exactos en vivo y por escrito de cada vivencia, situación, problema o descubrimiento. Esto condujo a un problema tan menor en apariencia, que nadie había pensado en él antes de lanzarse al proyecto: sin gravedad, la tinta de los bolígrafos no corre.

Este pequeño punto pareció ser crucial en aquellos tiempos. El grupo que consiguiera solucionar esta dificultad ganaría, al parecer, la carrera espacial. Nunca antes en la historia del mundo la caligrafía había sido tan importante.

El gobierno de Estados Unidos invirtió millones de dólares en financiar a un grupo de científicos para pensar exclusivamente en este punto. Y, al cabo de algunos meses de tarea incansable, los inventores presentaron un proyecto ultra secreto. Se trataba de un bolígrafo que contenía un mecanismo de mini bombeo que desafiaba la fuerza de gravedad.

Este pequeño invento permitió, después de destrabar el primer viaje a la Luna, que toda una generación de jóvenes pudiera escribir mensajes obscenos en los techos de sus aulas y en los baños de todo el mundo.

Estados Unidos, en efecto, llegó primero a la Luna, pero no fue porque los rusos no hubieran podido resolver el tema de la tinta. En la Unión Soviética habían solucionado el problema apenas unas horas después de darse cuenta de la dificultad planteada por la ausencia de gravedad... Los científicos rusos simplemente renunciaron a los bolígrafos y decidieron reemplazarlos por lápices.

Sin complicarnos, pero sin perder de vista nuestro objetivo, en las próximas páginas te propondré que nos animemos a dar algunos pasos en la dirección de nuestro crecimiento y autorrealización. Ninguno de estos veinte pasos te resultará desconocido ni novedoso. Si aparecen aquí es, como siempre, para ordenar lo que tú ya sabes y, en todo caso, para invitarte a que ratifiques en cada capítulo que aceptas el reto que, irremediablemente, significa enfrentarse al desafío de volverse uno mismo.

Paso 1

Trabaja en conocerte

Mientras trazaba un mapa de los conceptos y escribía gran parte de los contenidos de este libro, cumplí cincuenta y siete años. Casi me sorprendió darme cuenta de lo mucho que esta vez me alegró la fecha. En otro momento de mi vida, hubiera discutido, como quizá lo hagas tú ahora, el valor del ritual de cumplir años. Hasta no hace tanto, yo sostenía que estas «niñerías» son pertinentes y razonables solamente en el mundo infantil de nuestros hijos o nietos. Para ellos, solía decir yo, el festejo de cumplir un año más se justifica ampliamente si lo pensamos como una mínima compensación anticipada de lo que se avecina con el crecimiento: el desembarco de más responsabilidades, más deberes y cada vez más obligaciones. Pero a nuestra edad, seguía argumentando, esto no parece motivo de ningún festejo.

Nuestro propio lenguaje, a veces tan esclarecedor, parece hacernos saber desde el principio que el día del cumpleaños no trae consigo demasiadas buenas noticias. Combina en su nombre dos palabras que no en vano nos agobia pronunciar: «cumplir» y «años», como si quisiera condenarnos a envejecer y obedecer, haciéndonos olvidar, quizá no tan ingenuamente, lo que sí se debe festejar.

Porque el día del cumpleaños, ese mismísimo día, se festeja nada más y nada menos que un aniversario más del día de nuestro nacimiento. En la mayoría de idiomas (inglés, francés, catalán, hebreo y chino por nombrar sólo algunos), la palabra que se usa para cumpleaños se puede traducir literalmente como «día del nacimiento» o «día del aniversario».

Decididamente, no pretendo empezar ninguna rebeldía lingüística para cambiar el idioma, pero quiero conseguir que seamos conscientes de este hecho más que condicionante, para evitar que el peso etimológico de la palabra «cumpleaños» nos arruine la fiesta.

De hecho, sostengo que:

- Si nos hemos dado cuenta de que vivir es una cosa deseable y nos sentimos contentos por ello...
- Si hemos descubierto que queda mucho por hacer y que lo haremos...
- Si podemos sentir más que «muy de vez en cuando» alegría al despertar cada mañana...

Entonces, tal vez podamos recuperar de corazón el deseo de celebrar nuestros cumpleaños, y por qué no, de compartir con otros la alegría de estar vivos un año más.

Y llegados aquí, no será difícil establecer naturalmente esta sana costumbre que recomiendo casi a cada persona que me consulta:

> Hacernos, ese día, el regalo que más nos gustaría que nos hiciera nuestro amigo más cercano e incondicional.

Es muy sugestivo ver cómo muchos vivimos pensando y comprando regalos de cumpleaños para los que queremos y casi nunca lo hacemos con nosotros mismos.

Vuelvo a mi novedosa experiencia.

- Quizá por mi mayor conciencia de una vida más que afortunada.
- Tal vez por la certeza de sentirme transitando el camino que yo mismo elegí para mí.
- Posiblemente por la alegría de que mis años me encuentren embarcado en un nuevo proyecto, el de este libro.
- Seguramente por estar asistiendo, orgulloso, a la madurez de mis dos hijos.
- Probablemente, por la suma de todo lo dicho y más cosas, este año celebré mi 57º cumpleaños.

Fiel a lo que enseño, me regalé la última grabación de Rigoletto en las Arenas de Verona y también una más que discreta reunión, a la que me di el gusto de invitar a mis amigos más queridos, a algunos colegas y a muchos compañeros de ruta a los que hacía mucho tiempo que no veía. Allí, brindando con ellos en la fiesta que me había montado para compartir mi alegría, confirmé lo que sostengo desde hace muchos años: ningún vínculo constructivo con los demás se puede establecer y fortalecer si no se apoya en una buena relación de cada uno consigo mismo. Y este concepto no es más que la mejor expresión de la necesaria cuota de sano egoísmo.

Un camino cuyo último paso coincidirá con la autorrealización, y cuyo primer paso no puede ser otro que el de conocerse, saberse, descubrirse...

- Des-cubrirse, es decir, quitar la cobertura que me impide verme.
- Animarme a dejar de lado las máscaras.

- Mostrarme ante mí y ante los demás tal como soy.
- Asumir la responsabilidad de todo lo que soy; que incluye todo lo que hago y todo lo que digo.

Conocernos es el primer paso si pretendemos dejar de pedirles a los otros que sean observadores de nuestras vidas.

Conocernos consiste en tomarnos el tiempo de mirarnos interiormente, conectar con lo que creemos, con lo que pensamos, con lo que sentimos y con lo que somos, más allá de todo lo que a otros les gustaría.

Conocernos es empezar por el principio. Por la primera de aquellas tres preguntas existenciales que acompañan al hombre desde los tiempos más lejanos y que aparecen en todas y cada una de las culturas ancestrales:

¿Quién soy?

¿Dónde voy?

¿Con quién?

Tres preguntas que, como siempre digo, deben ser contestadas en ese riguroso orden, aunque sólo sea para impedir que sea mi rumbo el que determine quién soy y acabe volviéndome esclavo de mi camino. Tres preguntas que, respondidas en orden, una y otra vez, alcanzarán para evitar que mi compañera o compañero de ruta se crean con el derecho o la responsabilidad de decidir por mí el camino a seguir.

Un cuento algo kafkiano nos ayudará en este punto a reírnos de nosotros mismos.

Un hombre viaja en metro.

Está pensando en el trabajo que le espera en la oficina.

De repente, alza la vista y le parece que otro hombre en el asiento de enfrente lo mira fijamente.

En su abstracción, ni siquiera nota que lo que ve es solamente su imagen reflejada en un espejo.

—¿De qué conozco a este tipo? —se pregunta al notar que su rostro le es familiar.

Vuelve a mirar y la imagen, como es obvio, le devuelve la sonrisa.

—Y él también me conoce —se dice en silencio.

Por más que intenta dejar de pensar en esa imagen de la cara familiar, no consigue alejarla de su pensamiento.

El hombre llega a su destino y, antes de ponerse de pie para bajar del tren, saluda a su supuesto compañero de viaje con un gesto que, como no podía ser de otra manera, el otro devuelve inmediatamente.

En su trabajo, no puede dejar de preguntarse:

—¿De qué conozco yo a ese tipo?

Cómo le gustaría tener una fotografía de ese hombre para poder mostrársela a sus compañeros. Quizás alguno de ellos podría ayudarle a identificarlo...

Al finalizar su jornada, decide caminar hasta casa para darse el tiempo de buscar en su memoria.

Una hora más tarde entra en su apartamento, todavía sin respuesta. Se ducha, cena, mira la televisión, pero no puede prestar atención.

—¿Dónde he visto a ese hombre? —se pregunta todavía al acostarse.

A la mañana siguiente se despierta con una sonrisa...

—Ya sé —dice en voz alta, sentándose de golpe en la cama y golpeándose la frente con la palma de su mano—. ¿Cómo no me di cuenta antes?

Ha resuelto el problema que lo tenía preocupado.

—¡Lo conozco de la peluquería...!

Si no empezamos por conocernos será imposible saber quiénes somos, reconocernos en nuestros actos y hacernos responsables de cada uno de ellos. Nunca sabremos con claridad cuál es el límite entre el adentro y el afuera.

Si es cierto que queremos conocernos, debemos aprender a mirarnos con valentía, decidiendo simplemente ser, aun a riesgo de perdernos por un rato.

Sólo así podremos lograr que sea nada más que lo interior lo que nos defina. Una tarea de por sí difícil, sobre todo si uno pretende afrontarla sin aislarse de los demás, sin renunciar a sus grupos de pertenencia social, familiar o laboral. Y que quede claro que esto no significa ignorar a los demás ni volverse sordo a sus opiniones, entre otras cosas porque sé que necesitamos de sus miradas para completar nuestra percepción de nosotros mismos, para ver todos esos aspectos que se ocultan en puntos ciegos a nuestra mirada; significa no condenarnos a andar por el mundo preguntando a los demás quiénes somos o cómo deberíamos ser.

¿No deberíamos anticipar lo social a lo individual?

Ahora, y aun a riesgo de ser acusado (una vez más) de individualista, sigo sosteniendo que al objetivo del bienestar común le vendría muy bien que cada uno empezara por ocuparse de su propio desarrollo, aunque sólo sea para ayudar de la forma más apropiada, justa y eficaz al prójimo.

Durante la semana el niño había perseguido literalmente al padre por toda la casa con su tablero de parchís debajo del brazo. Quería que el hombre se sentara con él a cumplir su promesa de jugar una partida para estrenar el nuevo tablero que le habían regalado para su cumpleaños.

—Ahora no puedo, Huguito —le había dicho el padre más de una vez—, tendremos que esperar al fin de semana…

Por eso el sábado, apenas se levantó, Hugo vio a su padre sentado en el escritorio, y corrió a su cuarto a buscar el tablero todavía sin estrenar.

—Hoy es fin de semana, ¿no, papi? —preguntó el pequeño.

—Sí, hijito —reconoció el padre—, pero ahora tengo que terminar un trabajo atrasado. Pídele a tu madre que juegue contigo...

—No, no —protestó la pulga de seis añitos—. Tú me prometiste...

—Es verdad. Pero en este momento tengo otras cosas más urgentes que atender...

—¿Y cuándo vas a terminar de atender esas cosas?

—Dentro de dos horas —dijo el padre exagerando, con la intención de desanimarlo.

—¡Buf!... —dijo el niño, y dándose la vuelta salió de la habitación.

La aguja grande había alcanzado a la pequeña justo cuando ésta llegaba al número 12, y eso, según le dijo su madre, significaba que habían pasado exactamente dos horas.

—¿Jugamos ahora, papi?

—No, hijo. Lo siento. Todavía no he terminado con mis cosas...

—Pero tú me dijiste dentro de dos horas... Eso es mentir.

—No seas así, Huguito, tengo trabajo pendiente.

El niño ya empezaba a dejar escapar un par de lágrimas, cuando su padre tuvo una idea. Cogió de su escritorio una revista que mostraba en la tapa un colorido mapa del mundo con división política.

—Mira, hijito, te voy a proponer un juego —le dijo, mientras arrancaba la hoja y buscaba en el cajón de su escritorio un par de tijeras.

El hombre hizo varios cortes, transformando la hoja en un montón de papeles de forma irregular.

—Esto es un rompecabezas... Un puzzle como lo llamas tú.

El juego consiste en montar el mapa del mundo poniendo cada país en su sitio —dijo el padre—. Cuando termines de montar el mundo, jugaremos al parchís.

El padre sabía que, sin tener idea de cómo era el planisferio, el niño tardaría más de una hora en montarlo y que eso los llevaría hasta el almuerzo. Después de su siesta, quizá podría finalmente sentarse a jugar con su hijo, como le había prometido.

Otra vez resoplando, pero intuyendo que si no aceptaba esas condiciones no habría parchís, el jovencito cogió los papeles que su padre le daba y se fue a su cuarto.

Pasaron cinco minutos, quizá seis, cuando Huguito entró en la habitación con el mapa del mundo perfectamente montado.

Cada país en su sitio y toda la hoja pegada con cinta adhesiva.

—Ya está, papi. ¿Ahora vamos a jugar al parchís?

El padre sonrió, confuso.

—¿Pero cómo lo has hecho? —preguntó examinando el perfecto resultado—. Si tú nunca has visto un mapa del mundo, ¿cómo lo has montado tan rápido?

—No, papi… Yo nunca había visto un mapa del mundo como éste… Cuando lo recortaste yo ví que en el otro lado de la hoja había una foto de un hombre. Entonces, al llegar a mi cuarto, di la vuelta a los papelitos y coloqué las partes del señor, una al lado de la otra. Fue fácil. Cuando terminé de acomodar al hombre, el mundo se acomodó solo.

Puede que sea una deformación profesional, pero después de tantos años estoy convencido de que solamente trabajando con los individuos será posible que se dé el cambio que queremos para el mundo.

Será por una deformación profesional, pero me pasa con demasiada frecuencia, tanto hablando con un paciente en mi consulta como contestando a las preguntas de un reportaje; sin darme cuenta, me sorprendo hablando de todos cuando yo sólo quería hablar de cada uno. Quizá sea la demostración de que no hay diferencia entre todos y cada uno.

Será por una deformación profesional, pero después de tantos años, sigo creyendo que solamente sabiendo quiénes somos podremos empezar el trabajo de ser mejores para nosotros mismos y para la humanidad.

Paso 2

Decide tu libertad

Si, según hemos dicho, el primer paso es conocerse, el segundo debería ser, sin duda, su necesario acompañante, concederse la libertad.

Y digo **concederse** y no **conseguir** ser libre porque me refiero al proceso interno de la autonomía y no al concepto vulgar y mentiroso de creer que la libertad consiste en «poder hacer lo que a cada uno se le antoje». Es muy importante establecer esta diferencia porque, como tantas veces lo he dicho, aquella definición corresponde a la omnipotencia y no a la libertad. Aquélla es sobrehumana y no existe; mientras que ésta es posible, deseable y real. A veces parecería que nos gusta o que nos conviene confundir estos dos conceptos; posiblemente para justificar ante nosotros mismos nuestro «miedo a la libertad» como maravillosamente lo enuncia Erich Fromm en el libro que lleva ese mismo título*.

La libertad, tal como la entiendo y la propongo, consiste nada más (y nada menos) que en la posibilidad o el derecho que tiene cada uno de elegir una (y a veces más de una) de las alternativas que se presentan en un determinado momento.

La libertad es la capacidad de elegir dentro de lo posible.

* Erich Fromm, *El miedo a la libertad*, Paidós, Barcelona 2006.

Esta libertad incluye y necesita, por supuesto, la honestidad de no calificar como imposible lo que no lo es, solamente para negar que descartara todas las otras opciones por mis principios, por mis temores o por mi conveniencia.

La consecuencia de dar este paso hacia nuestra libertad consiste también aceptar que algunas situaciones donde no podemos elegir son en realidad producto de una elección previa. Sin embargo, parece demasiado tentador para muchos decir que no se podía hacer otra cosa para disminuir así su responsabilidad en el resultado de su elección.

Declararse libres es dar el paso hacia nuestra definitiva autonomía, asumir el costo de mis decisiones, aunque hoy me dé cuenta de que me equivoqué, aceptar que era posible hacer todo lo contrario y yo no lo hice, admitir que, de hecho, otros lo hicieron aunque siga pareciéndome de lo más lógico haber hecho lo que hice.

Casi ninguno de los que nos dedicamos a pensar y enseñar los mecanismos que relacionan nuestra vida cotidiana con el deseo de una mejor calidad de vida dejamos de remarcar una y otra vez que este desafío, el de vivir más y mejor, requiere, entre muchas otras cosas, de una cuota nada despreciable de valentía.

Hace falta coraje y solidez para enfrentarse a los precios que casi siempre la sociedad querrá cobrarnos por la osadía de enfrentarnos a ella, por la frescura de declararnos libres de decidir por nosotros mismos, por el desplante de desconocer la inviolabilidad de sus mandatos o por la insolencia de pedir explicaciones a las actitudes de los más poderosos.

Hace algo más de medio siglo, una fría tarde, en Moscú, el entonces secretario general del partido comunista, Nikita Kruschev, denunciaba en el vigésimo congreso de su partido los horrores cometidos durante el gobierno del despótico hombre fuerte de todas las Rusias, Jusip Stalin, muerto tres años antes, después de haber ejecutado a miles de opositores y mandado matar a todos los viejos compañeros de la Revolución de Octubre, entre ellos al mismísimo León Trotski.

Por primera vez, el premier ruso Kruschev contó frente a un centenar de sorprendidos representantes partidarios cómo, despiadadamente, Stalin había encarcelado y torturado a miles de los que osaron oponerse a su autoridad, había ordenado deportaciones en masa para otros tantos y había mandado recluir a todos los demás de por vida en las cárceles de la helada Siberia. El secretario general relató con detalles los planes siniestros para oprimir a los países satélites de la entonces llamada Unión Soviética, aplastando en cada lugar a las fuerzas rebeldes con el poderío de la fuerza militar del soviet.

Stalin (en realidad Iósiv Zissariónovich Dzugahsvihli) no había escatimado crueldad para hacer saber al mundo, dentro y fuera de Rusia, que nada frenaría su intención de decidir los destinos de la parte del planeta que quedó bajo su «control» después de los acuerdos de Yalta.

Los que allí estaban contarían más tarde que la situación era tan tensa, que mientras el secretario general leía su minucioso e impresionante informe, podía literalmente escucharse en la sala la respiración de algunos camaradas.

De pronto, una voz se escuchó saliendo de entre las cabezas aglutinadas de los dirigentes. La voz preguntaba casi increpando a Kruschev:

—¿Y dónde estabas tú, camarada, mientras pasaba todo esto?

Todos entendieron lo que la frase insinuaba sin decirlo. Nikita Kruschev había trabajado muy cerca del fallecido tirano, había sido depositario de su confianza, había sido parte de la dirigencia de aquella cruel etapa estalinista de la Unión Soviética.

La pregunta ponía en evidencia que, con su silencio, el ahora denunciante de alguna manera había sido cómplice de las mismas infamias que denunciaba en ese momento.

El secretario Kruschev hizo silencio. La pregunta a viva voz había conseguido callarlos a todos.

—¿Quién dijo eso? —preguntó luego, con firmeza.

No hubo respuesta.

—¿Dónde está el que hizo esa pregunta? —volvió a preguntar, estirando el cuello como buscando una mano levantada entre la multitud.

Rusia no era ya la de Stalin, pero estaba muy lejos de ser un modelo de democracia o un estado que pudiera garantizar la integridad de los que se oponían al régimen. Los servicios secretos del soviet, que luego se convirtieron en la famosa KGB, seguían siendo poderosos y temibles.

Nadie contestó la pregunta de Nikita Kruschev.

Fue entonces cuando el secretario del partido dio la respuesta genial a la incómoda pregunta:

—Ya que no te animas a decirme dónde estás, voy a contestarte a tu pregunta de manera que no te quede duda de mi respuesta. ¿Dónde estaba yo en aquellos días?...Yo estaba exactamente en el mismo lugar y en la misma posición en la que tú estás ahora.

Todos hemos vivido situaciones en las que nos ha sido muy difícil mantenernos en el centro del escenario para denunciar un atropello o una injusticia... Y con mayor o menor éxito nos hemos planteado si debíamos o no animarnos a tamaña rebeldía.

Reflexionando acerca de esta historia tan real como reciente, uno se queda pensando que podemos y debemos animarnos a hacer, a preguntar, a protestar y a cuestionar, aun en minoría, frente a los caprichos de algunos o las injusticias de muchos; quizá con la única restricción de cuidar que esa libertad sea ejercida dentro del estado de derecho, que no involucremos en nuestra queja a quien no quiere estar involucrado y que nuestra forma de protesta o de rebeldía no esté diseñada para destruir a los que piensan diferente, sino para sumarlos todos en la construcción de un mundo mejor.

Como en todas las cosas, los problemas empiezan en las pequeñas cosas.

En nuestra vida cotidiana tú y yo hemos pasado, y seguiremos pasando, por esos momentos en los cuales, sin demasiada conciencia, decidimos renunciar a algunas libertades.

¿Qué me cuesta —pensamos a veces— renunciar a mi elección?

Después de todo —nos decimos— es un tema tan poco importante...

¿Para qué hacer de esto una cuestión? —terminamos argumentando—. Además de ser ciertamente un tema menor... seguramente sea transitorio.

E incluso respiramos hondo antes de dar por cerrado el asunto y nos conformamos con la renuncia a nuestro rumbo, convencidos de que la lucha por la libertad es la batalla de las grandes cosas y no la de las minucias.

Sin embargo, muchas veces estas ideas son el disfraz con el que escondemos la falta de energía que ponemos al defender nuestras libertades.

Es importante ser capaz de desapegarse de algunas actitudes, pretensiones y caprichos, pero habrá que temer a las «pequeñas» renuncias cuando no son elegidas con nuestro corazón, con conciencia y con responsabilidad.

Es necesario recordar que la libertad es tan importante como para no renunciar a ella ni siquiera un momento. El desafío puede sonar casi heroico, pero estoy absolutamente convencido de que todos somos capaces de mostrar esa cuota de sana osadía.

Este paso que te propongo es tan trascendente, que para algunos pensadores, lo que define el paso de ser un individuo a ser una Persona Adulta (así, con mayúsculas) es justamente nuestra libertad, la capacidad de optar entre dos o más posibilidades y la responsabilidad que se debe asumir después de tomar cada decisión. Y aunque a veces no podremos elegir lo que pasa, podremos elegir cómo actuar frente a ello.

Decía Octavio Paz que la libertad es simplemente la diferencia entre dos monosílabos: SÍ y NO.

Es el derecho que me otorgo de elegir una u otra respuesta lo que me hace libre o esclavo (y no el alto precio que, con frecuencia, debo pagar por mi elección).

Dar este paso será una manera de decidirnos a encarar nuestra vida con absoluto protagonismo, con responsabilidad sobre todo lo que nos ocurre, entendiendo los hechos de nuestra vida como una consecuencia deseada o indeseable de algunas de nuestras decisiones.

Soy responsable de las decisiones que tomo, por tanto, soy libre de quedarme o salir, de decir o callar, de insistir o abandonar, de correr los riesgos que yo decida y de salir al mundo a buscar lo que necesito.

Una antigua y conocida leyenda cuenta que todas las vivencias y las emociones humanas solían encontrarse en un frondoso bosque mágico para jugar. Allí, el odio, la esperanza, la envidia, el amor y el miedo correteaban riendo sin parar perseguidas por el rencor, la locura, la traición, la alegría y la curiosidad.

Dicen que un día, jugando al escondite, la locura buscaba al amor, que se había escondido entre una montaña de hojas, la traición le acercó un tridente de afiladas puntas y la instó a pinchar el follaje para descubrirlo. Así lo hizo la locura sin sopesar el daño que resultaría de su acción. Cuenta la leyenda que, desde entonces, el amor se quedó ciego y que la locura, llena de culpa, decidió guiar sus pasos.

Mi genial amiga, escritora y cuenta cuentos Vivi García dice que, después de tanto andar juntos el amor y la locura, terminaron haciendo pareja y disfrutaron inmensamente. Pocas cosas son eternas, y llegó un momento en el que el amor, cansado de tanto delirio, descontrol e incertidumbre, dejó a su lazarillo y decidió casarse con la razón.

El amor no se equivocó en su decisión, porque guiado por la razón los peligros desaparecieron y las inseguridades se desvanecieron con ellos.

Nada es perfecto, porque pasado un tiempo el amor empezó a darse cuenta de que en medio de tanta seguridad estaba muy tranquilo pero se aburría como una ostra.

Dice Vivi que, después de mucho pensarlo y consultarlo con su amiga la fantasía, el amor tomó una decisión, o mejor dicho dos: seguiría casado con la razón, pero se daría la libertad de vez en cuando de encontrarse con su vieja y amante compañera, para dejarse llevar por ella y perderse en la locura, por un rato, antes de volver, renovada, a los seguros brazos de la razón.

Paso 3

Ábrete al amor

El tercer paso consiste en descubrir el amor.

No existe la realización personal si no somos capaces de sentirnos amados y de sentir que amamos a alguien, intensa, comprometida y desinteresadamente.

La palabra «amor» es posiblemente una de las más utilizadas en los últimos doscientos años. A su sombra se han justificado las atrocidades más espantosas y se han explicado las actitudes más solidarias. Los santos, los dictadores, los bondadosos, los asesinos, los sacerdotes y los hechiceros, los eruditos y los analfabetos, los amantes y los desenamorados; todos hablan de amor; aunque muchos no sepan de qué están hablando.

Es cierto que definir sentimientos es un gran desafío y un reto imposible de salvar del todo, sin embargo podemos aproximarnos, compartiendo algunas ideas acerca de ellos.

Para empezar, vale la pena aclarar que el amor verdadero y trascendente del que hablamos no es el amor «inconmensurable» de las novelas románticas, supuestamente eterno y, por decreto, excluyente.

Tampoco es necesariamente el amor de las tragedias griegas, dramático e irresistible.

No es un sentimiento sublime, reservado para unos pocos, ni tampoco algo que se siente exclusivamente en un momento de la vida frente a una única persona.

El amor al que debemos abrirnos es el amor de nuestro día a día, el sentimiento posible y cotidiano al que nos referimos cuando sentimos que «queremos mucho a alguien».

Si partimos del concepto del querer como el más puro interés por el bienestar de otra persona, será fácil entender que lo que estoy proponiendo como tercer paso es animarnos a sentir con honestidad verdadero interés por lo que le suceda a otros, ya sea tu hijo, tu madre, tu pareja, tu vecino o un alguien anónimo y desconocido.

Estoy convencido de que, para llegar a la meta, es imprescindible que seamos capaces de cosechar por lo menos una relación con alguien que no sólo sea importante para nosotros, sino que además consiga hacernos saber que somos importantes para ella.

Alguien que celebre sinceramente cada uno de nuestros logros.

Alguien que quiera acompañarnos tanto en los momentos fáciles como en los difíciles.

Alguien que sea capaz de respetar nuestros tiempos y nuestras elecciones.

Alguien que disfrute de nuestra compañía sin pretender ponernos en la lista de sus posesiones.

Alguien por quien nos sigamos sintiendo queridos aun en los desencuentros, aun después de esos momentos de discusión o de enfado.

Una persona, en fin, cuyo bienestar siga importándonos, aun en los momentos en los que, furiosa por alguna razón o cegada por su enfado, nos asegure que ya no nos quiere; aun cuando, lastimada y dolorida, se empeñe en prometer que jamás nos perdonará.

Todos los filósofos, pensadores, religiosos y terapeutas de la historia deben haber creado su propia definición acerca del amor. De entre las que llegaron a mí, elijo la de mi colega Joseph Zinker*, que propone en su libro *El proceso creativo...*:

El amor es el regocijo por la mera existencia
de la persona amada.

Quizás a ti no te satisfaga.

Quizá prefieras apoyarte en tu propia definición.

Por si acaso, te dejo también mi particular manera de poner en palabras el significado y el alcance del mejor de los amores.

Para mí, el amor es la decisión sincera de crear para la persona amada un espacio de libertad tan amplio, tan amplio, tan amplio, como para que ella pueda elegir hacer con su vida, con sus sentimientos y con su cuerpo lo que desee, aun cuando su decisión no me guste, aun cuando su elección no me incluya.

Quiero compartir con todos mi versión de un cuento que siempre fue muy significativo para mí, una historia originalmente escrita hace medio siglo por uno de los grandes de la literatura, que se hizo conocer como O'Henry.

Esta historia transcurre en la Francia de 1900, en los comienzos de un durísimo invierno.

Marie era una niña de 11 años que vivía en una antigua casa parisina. Desde que el frío se había hecho sentir, ella empezó a quejarse de un intenso dolor en la espalda que se volvía intolerable al toser. Cuando el médico fue a verla, le dio su madre el diagnóstico que más temía: Tuberculosis.

En esa época, todavía sin antibióticos, la infección era casi una garantía de muerte. Lo único que los médicos podían hacer era recetar algunos paliativos para el dolor, cuidados generales, reposo… y fe.

—Estos pacientes, como casi todos —les dijo el profesional— tienen más posibilidades de curarse si luchan contra

---

* Joseph Zinker, *El proceso creativo en terapia gestáltica*, Paidós, Barcelona 2006.

la enfermedad; si Marie dejara de pelear por su vida, moriría en algunas semanas —y luego agregó, sabiendo que era más un deseo que un pronóstico—. Estoy seguro de que si la mantenemos calentita, bien alimentada y con muchos deseos de vivir, cuando el invierno pase, ella estará fuera de peligro y la tuberculosis será sólo un mal recuerdo.

Cuando el doctor se fue, la madre de la niña miró el calendario. Faltaban todavía dos largos meses para que llegara la primavera…

Sabiendo que ninguno de sus compañeros de clase vendría a verla, por el comprensible aunque injustificado temor al contagio, la madre se llegó hasta la escuela de Marie para rogarle a la maestra a que se acercase a casa a darle algunas clases, no tanto por el aprendizaje como por emplear algo de su tiempo de encierro y aburrimiento. La maestra le dijo que no podía hacerlo. Lo sentía, pero había cuatro niños en el curso en la misma situación, ella no podía ocuparse de ellos, debía cuidar de los que todavía asistían a clase.

Al día siguiente, mientras colgaba guirnaldas caseras por la casa tratando de contagiar la alegría que no sentía por las fiestas, la madre vio la pálida cara de su hija y la tristeza reflejada en su expresión. Fue entonces cuando tuvo la idea. Con la ayuda de la casera, se ocupó esa mañana de mover todos los muebles de la casa para poder llevar la cama de Marie junto a la ventana de la sala que daba al pequeño patio central compartido. Desde allí, pensó la madre, por lo menos verá ese pequeño patio interior, el ciprés en el centro del jardín, las enredaderas en las paredes, las ventanas de lo otros dos edificios. Seguramente, se dijo, se distraerá aunque sea viendo a la gente pasar de ida y de vuelta de sus ocupaciones o de sus compras de fin de año.

Entrado enero, el invierno se volvió más y más frío, y con ello la niña se agravó. Más de una noche una ataque de tos terminó con un vómito de sangre y la consiguiente desesperación de la pobre jovencita y de su madre.

Una mañana, al volver de la compra, la madre encontró a Marie con la mirada perdida de cara al ventanal. Nada tenía que ver ya esa niña con la Marie que ella recordaba de apenas unas semanas atrás. La madre se acercó a preguntarle cómo se sentía esa mañana y la niña le dijo que tenía mucho miedo de morirse. La madre la abrazó con fuerza sosteniendo la cabeza de su hija contra su pecho, tratando de que su hija no se diera cuenta de que lloraba. La niña señaló hacia el patio y le dijo:

—Mira, mami, ¿ves esa enredadera en la pared del edificio de enfrente? Hace semanas estaba llena de hojas, algunas más verdes, otras más amarillas. Mírala ahora qué pocas hojas le quedan. Acabo de pensar que cuando la última de las hojas de la enredadera caiga, mi vida también llegará a su fin.

—No tienes que pensar en eso —le dijo su madre, acomodando las almohadas y secándose las lágrimas de espaldas a la niña—. En primavera, de todas las enredaderas surgen nuevas hojas y la vida verde vuelve a nacer.

—Pero son otras hojas... —pensó la jovencita sin decirlo.

La enfermedad seguía su curso con altas y bajas, pero cada vez que el médico venía a visitarla veía cómo el ánimo de la paciente decaía en la misma magnitud que su estado general.

Hasta que una mañana la madre descubrió a Marie muy interesada, mirando hacia arriba por la ventana. Sin querer interrumpir, la madre se acercó con cuidado tratando de ver qué es lo que llamaba la atención de su hija. Se trataba de un joven pintor que, junto a su ventana en el tercer piso del edificio de frente, pintaba con colores vivos imágenes de París: Notre-Dame, Montmartre, el Moulin Rouge...

Por primera vez en muchos días, la madre vio a Marie

entusiasmada y alegre. La madre compartía esa alegría, algo por fin había captado su interés, quizás ella pudiera convencer al pintor para ayudarla.

Esa misma tarde la madre cruzó hacia el edificio y llamó a la puerta del artista. Cuando el joven y estrafalario artista abrió, le contó que era la madre de una niña que vivía en la planta baja, en el edificio de enfrente, le dijo que padecía una grave enfermedad, y lo que el médico había dicho.

—Lo siento mucho, señora —dijo el pintor— pero no entiendo para qué ha venido a contarme todo esto.

—Vine a pedirle que se acerque a darle algunas clases de dibujo, o de pintura a Marie. A ella siempre le interesó el arte, ¿sabe usted? Si usted pudiera bajar a casa de vez en cuando a charlar con Marie... yo, por supuesto, le pagaré lo que pida... — y con un tono de ruego terminó diciendo—. Su vida ¿sabe?, quizá dependa de que usted acepte mi encargo.

No por el dinero sino por la pena que le daba la imagen de la niña que ya había visto desde la ventana, el joven artista empezó a bajar un día sí y otro también a casa de Marie, llevando consigo algunas telas, carbones y colores para hablar de pintura y para animar a la joven a que utilizase su tiempo en cama para dibujar y pintar.

Durante las siguientes semanas, creció entre ellos una extraña amistad.

Una tarde, cuando el pintor bajó a verla, Marie lloraba en su cama.

—¿Qué sucede, *mon cher*? —le preguntó.

Marie le contó de su relación con la enredadera y luego le dijo:

—Ayer, después de que te fuiste, hubo mucho viento y muchas hojas cayeron. Cuando la tormenta pasó conté las hojas que quedaban. De las miles que había entre sus ramas sólo quedan veintiocho. Y yo sé lo que eso significa: si se cayeran todas hoy, no habría un mañana para mí.

El pintor intentó convencer a Marie de que esa asociación era una tontería:

— La vida seguirá de todas maneras —le dijo—, no debes pensar así. Tienes que practicar las escalas de colores y dibujar las manzanas que te pedí; si no, nunca llegarás a exponer. De hecho, gracias a haber practicado mucho en mi vida me ha llegado una invitación para exponer mis pinturas en América.

—¿Te irás? —preguntó Marie, sin querer escuchar la respuesta.

—Volveré en mayo como muy tarde —le dijo el pintor—. Allí, si has practicado iremos a pintar en la campiña, recorreremos los museos y te enseñaré a pintar con óleo.

—No sé si estaré cuando regreses, pintor —contestó Marie—. Depende de la enredadera.

El artista, encariñado con la jovencita, la abrazó y prefirió no hablar de esa fantasía. Sólo la besó en la frente y le dejó indicaciones de qué hacer para estar ocupada hasta que él regresase.

Cuando se fue, Marie sintió como si el mundo se le derrumbara y en un negro presagio vio como, mientras el pintor cruzaba hacia su casa, el viento arrancaba de la enredadera tres hojas de golpe y las dejaba caer violentamente en el patio.

Desde ese día, cada mañana la niña controlaba desde su ventana la cantidad de hojas que quedan en la enredadera... y cada mañana registraba un agudo dolor en el pecho cuando comprobaba que, durante la noche, alguna de sus acompañantes había caído para siempre.

—¿Qué pasa, hija? —le preguntó su madre, después de una agitada y febril noche.

—Mira, mamá —dijo Marie, señalando por la ventana—. Sólo quedan tres hojitas: una abajo junto al cuadro, otra en mitad de la pared y una más solita, arriba de todo, al lado de la ventana del pintor. Tengo miedo, mamá.

—No te asustes —contestó la madre, con una convicción que no tenía—. Esas hojitas van a aguantar; son las más fuertes, ¿entiendes? Sólo faltan dos semanas para que llegue la primavera.

La mirada divertida de Marie se transformó en la oscura expresión de un obsesivo control de las pobres tres hojitas. Y una noche de febrero, en medio de una feroz tormenta de viento y lluvia, la hoja del medio se soltó de su amarra y voló lejos. Marie no dijo nada pero redobló sus rezos para pedirle al buen Dios que protegiera sus hojitas.

—Mamá —gritó una mañana—. Mamá, ven.

—¿Qué pasa, hija?

—Queda sólo una, mami, sólo una. La de abajo del todo se cayó anoche. Me voy a morir mami, me voy a morir. Por favor abrázame, tengo miedo, mamita. Mucho miedo.

—Hay que tener fe, hijita —dijo la madre tragando saliva y reprimiendo el llanto de su propio miedo—. Además, faltan pocos días para la primavera y todavía queda una hoja. Es la hoja campeona ¿sabes?

—Sí, pero hace un rato la vi temblar... Tápame, mamá, tengo frío.

La madre la arropó con sus mantas y fue a buscar unos paños húmedos. La niña tenía mucha fiebre.

Cada momento que Marie estaba despierta miraba por la ventana a la única hoja que todavía resistía. En la punta de la enredadera, la pequeña hoja marrón verdoso se aferraba solitaria a su base, y la niña, al verla, cruzaba instintivamente los dedos pidiéndole que resistiera para que ella también pudiera salvarse.

Y la hoja resistía.

Nieve, lluvia y viento.

Pasaron los días y la hoja aguantó...

Hasta que una mañana, mientras Marie miraba su espe-

34

ranza, vio que un rayo de sol iluminaba la hoja, y descubrió que a su lado y más abajo en la enredadera pequeños botones verdes habían empezado a aparecer.

—Mami, mami, la hoja ha resistido, llegó la primavera, mami. ¿No es maravilloso?

La madre corrió junto a su hija y la abrazó con lágrimas en sus ojos. Ella no pensaba en la enredadera sino en su hija, que también se había salvado.

—Sí, hija, es maravilloso.

Pasaron los días y la niña comenzó a recuperar sus fuerzas muy despacio.

En la primera salida a la calle que el médico autorizó, Marie corrió al edificio de enfrente para preguntar por su amigo el pintor.

La casera se sorprendió al verla, quizá porque no era habitual que alguien sobreviviera a la tuberculosis.

—Me alegro de que estés bien —le dijo mientras la besaba con sincera alegría—. Tu amigo todavía no ha vuelto, pero me ha asegurado que en unas semanas lo tendremos por aquí. Mandó esto para ti.

Y remetiendo la mano en su escote, le alargó una carta para ella:

PARA ENTREGAR A MI AMIGA MARIE.

«Hola, Marie.

Tal como ves, todo ha pasado.

Para cuando leas esto faltarán días para retomar nuestras clases de pintura.

Yo he comprado nuevos colores y pinceles; así que quiero regalarte los que fueron míos.

Dile a la casera que te abra mi apartamento y llévate mis cosas.

Practica mucho, recuerda las manzanas... y las escalas de colores.»

La niña saltaba de alegría. Después de pedir la llave a la casera, subió a la pequeña buhardilla a por sus pinturas.

Una vez allí, se acercó a recoger el atril que estaba, como siempre, junto a la ventana. Mirando hacia fuera vio, desde arriba, su propia cama en el edificio de enfrente.

Sin pensarlo, Marie abrió la ventana e instintivamente buscó a su amiga la hoja heroica, la que aguantó todo, la más fuerte de todas las hojas…

Y la vio.

Allí estaba en la pared, a un lado, muy cerca del marco de madera de la ventana.

Allí estaba. Pero no era una hoja verdadera, era una hoja que había pintado en el ladrillo su amigo el pintor…

¿Seremos capaces de amar así?

¿Seremos capaces de pintar hojas en nuestras ventanas para inspirar, alentar y acompañar a los que amamos, aunque nosotros estemos lejos?

¿Seremos capaces de dar el gran paso hacia el amor verdadero?

Paso 4

Deja fluir la risa

Después de haber dado los primeros tres pasos, tan difíciles como trascendentes, sabiendo ahora quiénes somos, sintiéndonos libres y aprendiendo a comprometernos con el amor, deberemos dar este cuarto paso.

Poner la imprescindible cuota de buen humor en nuestra vida... Atención, no es suficiente con «cualquier» buen humor; hablo de un humor particular y específico, de un grandioso buen humor.

Empezar a dar este paso es aprender a levantarnos contentos cada mañana a pesar de enfrentarnos, en cada letra de los periódicos y en cada palabra de las noticias, con los mensajes que los cerebros privilegiados parecen derramar por hábito sobre nuestras pobres cabezas; como si disfrutaran del miedo que nos crean sus temibles visiones del presente y el anticipo de las próximas, y a su parecer inevitables, catástrofes económicas, sociales y ecológicas.

Me refiero a no olvidarse de sonreír aun cuando estos imaginarios del duro mañana parezcan estar cada vez más cerca. Sonreír a pesar de nuestras propias limitaciones, que ahora conocemos y reconocemos, y también, a pesar de las a veces absurdas restricciones que nos imponen costumbres, reglamentaciones y censuras que nos limitan, aunque no recordemos haberlas aceptado.

Hablo de sonreír para actuar con más tino y no para renegar de los problemas o escapar de ellos.

Como bien señala Pescetti, el humor es quien muchas veces nos advierte de que el orden es demasiado estricto, que determinada regla no tiene sentido o que nos hemos dejado oprimir por demasiadas preocupaciones. Nos previene de nuestras torpezas y distracciones, de la estupidez propia o ajena y a veces de la manía de tomarnos las cosas demasiado en serio. Sin lugar a dudas, es bueno, por ejemplo, tener dinero, y es placentero gozar de algunas de las cosas que ese dinero puede comprar, pero también es bueno detenerse una que otra vez a reflexionar, para estar seguro de no haber perdido aquellas cosas que todo el dinero del mundo no puede comprar y que, frecuentemente, están allí, al alcance de nuestra mano.

Hablo de tener aunque sea un minuto cada día para sonreír frente al espejo, por encima del fastidioso recuerdo de nuestro agobiante pasado, sin estar pendientes de los fracasos del presente y sin estar temblando por nuestras profecías catastróficas. De no dejar de reírnos, a carcajadas si es posible, de los hechos de nuestro «padecer cotidiano», que te aseguro que nos parecerán triviales si los miramos en perspectiva.

La risa es, y los médicos lo sabemos, una de las tres formas en las que el cuerpo es capaz de producir endorfinas. Estas sustancias que produce cada organismo y que, hasta donde sabemos hoy, son específicas para el cuerpo que las elabora, poseen un increíble efecto sanador: reconstituyente, analgésico y antiinflamatorio.

Día tras día, la ciencia descubre cómo **los bajos niveles de endorfinas** perjudican el funcionamiento armónico del sistema inmunitario. Así, el aumento de endorfinas que conllevan la risa y la carcajada podrían ser capaces, según muchos estudios, de protegernos (o por lo menos ayudarnos) en algunos cientos de enfermedades, desde la úlcera hasta las reacciones alérgicas, y mejorar la evolución de otras tantas, desde el resfriado hasta el cáncer.

Quizá porque nuestro cuerpo conoce estos datos, aunque nuestra cabeza los ignore, asociamos naturalmente el buen humor con la evolución, con el nacimiento de lo nuevo y con la vida. El chiste, la anécdota y el humor siempre nos recuerdan la necesidad de enfrentarnos con lo que no se esperaba y representan en nuestra mente un desafío a lo lógico, lo regulado y lo repetido. En ellos aparece el disparador de una exitosa vuelta al hogar, condecorados con una sonrisa para compartir.

Durante mi infancia, aprendí de mi padre a disfrutar del placer de la lectura. Cuando entré en mi primera adolescencia, me fascinaban las historias de caballeros hidalgos. Me encantaba imaginar a mi héroe de entonces, el Príncipe Valiente, mientras liberaba a la bella princesa matando dragones y villanos antes de volver triunfante a su castillo. Después de muchos maestros, aprendí que en realidad éramos nosotros mismos los que, simbólicamente, debíamos liberarnos, rescatados por nuestras actitudes más nobles y heroicas. Aprendí de otros que sabían más, que la risa es una heroína que se enfrenta al desafío de rescatarnos de las prisiones de la cordura y de la coherencia, para volver al hogar de lo espontáneo, el castillo de la ingenuidad y la frescura de la infancia. Una especie de salto al vacío que nos aterriza en el incomprensible y muchas veces incorrecto universo de lo que nos hace gracia.

Como en las novelas de mi infancia, también a veces algunos villanos se disfrazan de valerosos caballeros, algunos ogros toman la forma de príncipes no para salvar sino para destruir. Hay también «una risa» que no sirve, que no sana, que enferma más de lo que cura. No es una expresión del buen humor si no de la burla, del desprecio o del que humilla a lo diferente.

Siempre me subleva la risa idiota; la que tienen los idiotas cuando se ríen del sufrimiento ajeno, por ser ajeno. Tan diferente de la otra, la de aquellos que son capaces de reírse de la estupidez de otros solamente porque les causa gracia ver en ella su propia estupidez.

Tener la capacidad de reírse de uno mismo es casi condición necesaria para gozar de algunas de las extrañas y absurdas cosas que nos suceden. Es la señal de la madurez que siente el que no necesita ser correcto ni exitoso para estar seguro de sí mismo.

Me contaron esta historia.

Dicen que sucedió en la época de los peores enfrentamientos raciales de la historia de Norteamérica. La época de los salvajes ataques del Ku Klux Klan, el fundamentalista grupo blanco ultraderechista, que perseguía, agredía y mataba a los ciudadanos de raza negra, y también de la lucha de los Black Panthers, el grupo de resistencia de la gente de color.

La anécdota comienza cuando un humilde campesino negro conduce su carreta tirada por un par de viejos bueyes, hacia su minúscula granja en algún lugar del sur de Estados Unidos.

Un kilómetro antes de llegar al desvío que lo llevará hasta su casita, el carro es alcanzado en la angosta carretera lateral por una ostentosa limusina, donde un poderoso petrolero viaja custodiado por dos motos, de camino a su rancho.

Molesto porque el carro le impide pasar, el magnate ordena a su chofer que haga sonar su bocina para que el campesino se aparte y deje pasar a su automóvil.

Quizá por una coincidencia, quizá por el susto de los animales ante la estridencia del claxon, los bueyes, forzados por el campesino a apartarse, dejan caer en el pavimento sendas tortas de excrementos, que terminan bajo las ruedas de la limusina.

El poderoso ranchero manda detener el vehículo y se baja del automóvil para confirmar lo que sospecha, la hedionda boñiga de los animales pegada a los negros neumáticos. El magnate odia a los negros, de hecho, todos saben que, aunque nunca lo admite públicamente, es uno de los hombres ricos que mantienen económicamente al grupo radical del KKK.

Con los ojos inyectados por la furia, manda a sus policías privados que traigan al campesino ante su presencia.

—Negro de mierda —le dice cuando lo tiene frente a él—. ¿Cómo te atreves a ensuciar con el estiércol de tus bueyes las carreteras de los Estados Unidos de América? Eso es lo único que hacéis con vuestra presencia, ensuciar, arruinar, destruir y dañar todo lo que tocáis con vuestras pestilentes manos.

El campesino se da cuenta de que debe ser cuidadoso. Muchos de su raza fueron apaleados hasta morir por intentar defenderse en enfrentamientos como éste y, por lo tanto, baja la cabeza e intenta resolver el problema.

—Lo siento mucho, señor… Lo que pasa es que los animales se asustaron con la bocina…

—¡Lo único que faltaba!... ¡Que ahora pretendas echarle la culpa a mi chofer!

—No, señor, no es eso… La culpa es de los animales… Le prometo que los castigaré en cuanto llegue a mi granjita.

—Eso…, a los animales hay que castigarlos, para que aprendan. Y como tú no eres más que una bestia igual que tus bueyes, tú también deberás ser castigado por esto.

El pobre negro intenta frenar la paliza que los guardias ya empiezan a darle con los negros palos que están sacando de su cinto.

—No haga que me golpeen, señor… Yo limpiaré las heces de la carretera y la dejaré como estaba, se lo prometo…

—Promesas… No sirven las promesas de los de tu raza… Pero es una buena idea. Ése será el castigo que te corresponde. Tú ensucias, tú limpias.

—Sí, señor…, muchas gracias. Traeré un poco de paja de

mi carreta y me ocuparé de dejarlo todo en condiciones, le doy mi palabra.

—Yo me ocuparé de que sea así, yo también te doy mi palabra —El hombre sonríe con malicia pensando en lo que se le acaba de ocurrir—. Dado que tus animales cagan lo que comen de mi suelo, tú te comerás del suelo lo que ellos cagan ¿es lo justo verdad?

Al pobre hombre le cuesta creer lo que está oyendo, pero sabe de sobra que no tiene opción; obedece o es molido a golpes antes de decir una palabra más. Así que, hincándose de rodillas, se dispone a cumplir la orden.

En ese momento, dos coches se detienen detrás de la limusina y de uno de ellos baja el mismísimo reverendo Martin Luther King Jr. Como era costumbre en sus últimos años, el reverendo King viajaba por toda América haciendo campaña contra el racismo, esgrimiendo contra la violencia los argumentos pacifistas del amor y la tolerancia mutua.

También los recién llegados viajan con una guardia privada, pero no es una comitiva armada con pistolas o rifles, sino una serie de reporteros que toman notas de cada evento y sacan fotos de cada presentación del reverendo King.

—¿Qué sucede? —pregunta King al hombre blanco, que lo ve venir impávido.

El sureño sabe perfectamente quién es el reverendo King, su fama y su influencia, pero no está dispuesto a dejarse intimidar por el pastor negro ni a mostrar debilidad delante de sus hombres, así que, redoblando su apuesta, lo encara con prepotencia.

—Sucede que este «negro» —dice recalcando el calificativo para hacer saber el desprecio que siente por él— ha dejado que sus animales ensucien con su estiércol las pulcras carreteras de este país. Por lo tanto, dado que en América el que rompe paga y el que ensucia limpia, se está ocupando de dejar las cosas tal como las encontró.

Con mucha calma, el reverendo King lo mira y, con voz muy suave, intenta mostrar su oposición.

—No me parece que haya sido él quien ha ensuciado la carretera, en todo caso fueron sus bueyes, y no creo que esté bien que usted y sus policías tengan que humillarlo o amenazarlo para pedirle que «limpie lo que ensució».

—Te conozco, y sé muy bien qué pretendes —dice el hombre blanco—, pero a mí no me vas a impresionar con tu tono pastoral. Él y sus animales son lo mismo, bestias que conviven con los humanos. Los bueyes, él y tú, todos sois animales y seréis tratados como tales. Todos sois iguales.

—Me alegro que lo diga —acota el reverendo King, con una paz asombrosa—. Hace muchos años que predico tratando de hacer entender esto que usted tan bien resume. Los animales, él y yo somos iguales… Y le digo algo más, también usted es igual a nosotros, sobre todo a los ojos de Dios, aunque algunos hombres todavía no lo sepan. De todas maneras, te doy las gracias por recordármelo… Todos somos iguales… y por lo tanto… si él come, yo también como.

Y después de decir esto, se acerca al campesino, y arrodillándose frente a él, hunde también su cabeza en el estiércol…

Los fotógrafos empiezan a registrar en sus cámaras la imagen de lo que sucede, ante la desesperación del magnate y de su séquito. No hace falta ser muy inteligente para saber que esas fotografías de Martin Luther King de rodillas, comiendo estiércol, custodiados por su guardia policial privada podrían destruir para siempre su imagen pública y, con ella, terminar de forma definitiva con cualquier pretensión política que tuviera.

El hombre llama a su escolta y le da instrucciones claras. Deben velar todos los rollos y retirarse inmediatamente.

Así lo hacen. Arrebatan con violencia sus cámaras a los fotógrafos, quienes casi no se resisten. Luego, mientras todos ayudan a los dos hombres de color a ponerse de pie, los uniformados huyen a toda velocidad detrás de la limusina que ya se perdía en el horizonte.

—¿Estás bien? —pregunta el reverendo King—. ¿Quieres que te escoltemos a tu casa, hermano?

—No. No. Estoy bien… —dice el campesino—. Gracias, reverendo.

—Da las gracias a Dios, hermano, a Dios.

Los hombres se estrecharon las manos y, un segundo después, cada uno estaba otra vez en camino. Uno a sus conferencias en Dallas, otro a su pequeña granja a un kilómetro de distancia.

Cuando el campesino llegó a su casa, todavía tenía una gran sonrisa dibujada en su rostro.

—Hola —le dice a su esposa apenas la ve, y corre a darle un abrazo mucho más efusivo de lo común.

—Bueno… bueno —le dice la mujer—, parece que hoy debe de haber sido muy especial… ¿A qué se debe esa cara de alegría y esa efusividad? Creo que nunca te había visto tan contento…

—Es que… si te cuento con quién desayuné hoy… no me vas a creer…

Ése es el buen humor que te propongo conquistar. Uno que dibuje una sonrisa en tu cara, sin excusas y de forma permanente, para que sea la señal de tu complicidad con el secreto último de las buenas cosas, con Dios y con la naturaleza.

Un buen humor que te ponga por encima de tus pequeñas frustraciones cotidianas y más allá de lo efímero de tus intereses momentáneos.

Te invito seriamente a dar este cuarto paso, para nada serio. Te invito a que sonrías hasta que notes que tu sobriedad y sensatez han desaparecido de tu vida. Que sonrías hasta que provoques la sonrisa en los que te vean sonreír.

Sonríe a los tristes, a los tímidos y sobre todo a los aburridos; a los amigos, a los ancianos, a los jóvenes, a tu familia y a tus adversarios.

Sonríe cada vez que puedas y también cuando más te cueste, y entonces aprenderás que si tú no lo permites, nada es capaz de arruinarte tu alegría, ni siquiera la tristeza de tener que llorar de vez en cuando por algo doloroso.

Paso 5

Aumenta tu capacidad de escuchar

El siguiente paso de nuestro camino hacia la superación personal, que podríamos enunciar simplemente como «aprender a escuchar», no debería parecernos tan difícil.

Después de todo, como bien dice el Talmud:

Tenemos dos oídos y una sola boca
para recordar que debemos escuchar
el doble y hablar la mitad.

Sin embargo, para muchos de nosotros, no es sencillo. Sobre todo para los que habitamos en grandes ciudades, como Buenos Aires, Madrid, México DF o Barcelona. Hemos nacido y crecido rodeados de supuestos expertos en casi todo y no consiguen deslumbrarnos los relatos de vecinos heroicos protagonistas de hazañas impensables sólo conocidas por ellos mismos. Estamos demasiado acostumbrados a encontrar en cada esquina un enamorado de su propio discurso.

Ésta es la razón por la que, para la mayoría de las personas que he tratado, el quinto paso debería comenzar en un movimiento mucho más primitivo, más obvio, más sencillo y, sin embargo, demasiadas veces, muy poco entrenado y casi nunca enseñado. Es necesario «empezar» a escuchar.

Escuchar es ESCUCHAR.

Y no solamente hacer una pausa en lo que digo y permitir que, mientras cojo aire, el otro se dé el lujo de decir algunas palabras.

Escuchar es ESCUCHAR.

Y no es una atenta y selectiva búsqueda más o menos concentrada en el parlamento de otros, de las palabras que me sirvan para enlazar «con arte» mi propio argumento. Como si una conversación fuera un encuentro con un compañero que aportará ideas para permitirme explayar mi pensamiento.

Escuchar es ESCUCHAR.

Y se diferencia de intercambiar turnos de oratoria con otro que tampoco escucha.

Estoy hablando de la activa y comprometida escucha que analiza y comprende lo que haya de acuerdo y de desacuerdo en lo que me dice otra persona, sabiendo que me lo dice en ese momento y que me lo dice a mí. Por lo menos, también a mí.

Dice Hugh Prather en su libro *Palabras a mí mismo**:

Nadie está equivocado,
cuando mucho a alguien
le falta un pedazo de información.

Y agregaría yo:

Como es obvio,
sin contar con esa parte de la información,
y negándome a aceptar mi carencia,
toda mi equivocación me parecerá acertada
y la defenderé con la certeza del que sabe que tiene razón.

* Hugh Prather, *Palabras a mí mismo*, Integral, Barcelona 2005.

Como el mismo Prather recomienda, sería bueno que, salvo que yo esté demasiado interesado en mostrarme superior, me centrase en escuchar lo que el otro dice, para recibir así el pedacito de información que debería presumir que me falta.

Si esto es así (y cualquiera que lo piense desde este punto de vista no puede dejar de aceptar que lo es), ¿por qué nos cuesta tanto abrirnos a la comunicación sincera y abierta?, ¿por qué nos resistimos tanto antes de abrir nuestros oídos y nuestro corazón a lo que muchos (y a veces todos) nos dicen?

No parece difícil encontrar la influencia de alguna de nuestras miserias personales en esos momentos en que nos negamos a escuchar.

Nos encerramos en nuestras creencias y, para sostenerlas, nos convencemos de que son certezas absolutas y axiomas fundamentales.

O...

Sobrestimamos lo que sabemos y menospreciamos lo que ignoramos.

O...

Nos refugiamos en lo que hemos aprendido mal en nuestra niñez y terminamos sintiendo que nos avergüenza aceptar frente a otros y frente a nosotros mismos que estamos equivocados.

O...

Nos resistimos a enterarnos de algunas verdades que no nos convienen o a aceptar las realidades que nos duelen.

O...

Nos importa más demostrar nuestra superioridad que aprender lo que no sabemos.

O...

Somos capaces de sumar todo eso, en cada encuentro...

Me acuerdo ahora de aquella antiquísima historia de la araña que quería guardar el conocimiento y la sabiduría de la humanidad en un frasco.

Cada cosa inteligente que leía o descubría la susurraba en el envase de vidrio y rápidamente lo tapaba para que ningún conocimiento se escapase.

Cuando la araña creyó que el frasco estaba lleno, decidió guardarlo en una cueva, que ella misma había construido, en lo alto de un árbol gigantesco. Preservar el saber para la eternidad, a salvo de cualquier amenaza o distorsión.

Así, se ató el frasco a la cintura y trató de trepar, como tantas veces lo había hecho, hasta la punta del árbol.

Pero esta vez le era imposible. El tamaño del frasco impedía a la araña la escalada.

Una hormiga que pasaba por allí, y a la que la araña despreciaba un poco por considerarla un tanto ignorante, le dijo:

—Si quieres subir, será mejor que te ates el frasco sobre la espalda y no sobre el vientre.

La araña se dio cuenta de que aun después de haber cultivado la sabiduría durante casi toda su existencia, le faltaba lo más simple, el conocimiento que le podía aportar la experiencia de lo vivido.

La araña, que era un poco necia pero no tanto, se dio cuenta de que, para obtener el saber de las cosas simples, debía empezar a escuchar lo que otros, que quizás habían leído menos pero habían vivido más, sabían, podían y quizá quisieran enseñarle.

En el final del cuento, la araña rompió el frasco diciendo que era mejor que la sabiduría quedara libre, al alcance de todos, especialmente de todos aquellos que estuvieran dispuestos a aprender.

Todos los terapeutas sabemos que una de las mejores maneras de enfrentarnos a nuestros aspectos más negativos es darnos cuenta de que somos cómplices de mantenerlos, y para ello es imprescindible aprender a escuchar lo que otros son capaces de ver en mis actitudes y lo que son capaces de decirme de mí. Muchas veces, es la única manera de darme cuenta de aquellos aspectos de mi persona que están escondidos en lugares ciegos a mi propia mirada.

Suelo desconfiar de todos los que se quejan demasiado o se pasan la vida despotricando y buscando la responsabilidad de todo en los demás.

Y sé que desconfío, especialmente porque otros me han enseñado a ver, primero en mí mismo y después en los demás, que ésta es la forma en la que uno consigue eternizar sus carencias. Cumpliendo una regla no escrita de todas nuestras neurosis, toleramos mejor la frustración que los cambios hacia lo nuevo y desconocido. Mientras uno se queja no hace, no puede hacer, porque la queja consume gran parte de la energía que se necesita para ponerse en acción e iniciar esos cambios, desde dentro hacia afuera.

Si es cierto que el futuro está por construirse, no es menos cierto que lo haremos mejor si somos capaces de encontrar, en el presente, alguna de las buenas cosas que aún nos rodean, hechos afortunadamente auspiciantes, cobijadores y optimistas que sólo podremos ver aprendiendo a escuchar. Sólo dando este paso podremos acostarnos cada noche un pelín más serenos y despertarnos cada mañana un poco más sabios.

Esta historia, que alguna vez me contó una paciente y que luego ha ido encontrándome en tantas versiones diferentes alrededor del mundo, dice así...

Hace ya un tiempo, en la época de la gran recesión económica de Estados Unidos, un hombre decidió que, para las fiestas de Navidad de ese año, no habría dinero para grandes regalos.

Así que gastó lo que para él era una enorme cantidad de dinero en comprar un rollo entero de papel metalizado con dibujos navideños. Quizás un elegante envoltorio pudiera sustituir a un costoso contenido.

El fin de semana del 15 de diciembre decidió dedicar todo el sábado a envolver los paquetes de las «chucherías» que había comprado como regalos.

Cuando abrió la alacena de debajo de la escalera y descubrió que el tubo de cartón en el que venía el papel estaba vacío, explotó de furia.

—¿Quién ha usado el papel metalizado que estaba en la alacena? —empezó a gritar.

—¿Quién ha sido? ¡Ese papel es carísimo! ¿Para qué lo habéis usado?...

Y así siguió, hasta que su pequeña hija de cuatro años se acercó, con la cabeza gacha para decirle:

—Fui yo, papi, yo lo he usado.

—¿Tú lo has usado? ¿Sin permiso?

—Sí, papi —dijo la niña a punto de llorar.

—Ese papel era carísimo, señorita. Y no era para jugar, era para envolver los regalos de Navidad...

—Es que... —quiso explicar la pequeña.

—Es que eres una maleducada. Tu padre trabaja como un burro cada día para que en casa no falte nada, y cuando compro algo para que haya un regalo para cada uno, tú...

—Pero, papi...

—¡Tú te callas y me escuchas! ¡Tendrías que haber preguntado si podías usar ese papel!

—No podía preguntar, papá..., porque... era una sorpresa.

—¿Cuál era la sorpresa? ¿Que ya no habría papel para envolver regalos?

—No, papá... es que lo usé para envolver un regalo sorpresa.

—¿Ah, sí? Un regalo... Todo el papel para un solo regalo… ¿Y para quién era ese regalo sorpresa si se puede saber? —preguntó el padre casi gritando.

La niña había empezado a lagrimear…

—Era… para ti, papá.

El hombre enmudeció. Se sintió un monstruo reprendiendo a su hija que había envuelto un regalo para él, y después de un rato, entre culpable y avergonzado por su furiosa reacción, se animó a decir:

—Oh…, perdón si te he gritado hija, pero es que ese papel era demasiado caro para usarlo todo en un solo regalo.

—Sí, papi… pero la caja era muy grande y quedó tan bonita…

El hombre sintió que se enternecía y trató de aliviar la situación.

—Está bien, vamos a ver esa caja, quizá podamos aprovechar un poco de papel para envolver los regalos de todos.

Poco después la niña bajaba de su cuarto con la enorme caja de su vieja casita de muñecas «enrollada» por el ahora inútil papel dorado.

—Feliz Navidad, papi —dijo la nena alargando el paquete a su padre.

Invadido por la ternura de la niña, el padre trató inútilmente de salvar el papel de envoltura, mientras se reprochaba no haber podido escucharla.

Sin embargo, volvió a explotar cuando abrió la caja y descubrió que no había nada en ella.

—¿No sabes que cuando uno hace un regalo y envuelve una caja, aunque lo haga usando TODO un rollo de papel plateado, DEBE poner algo dentro? ¿¡¡Nunca te enseñó tu madre que no se regala una caja VACÍA!!?

La pequeñita bajó otra vez la cabeza y con lágrimas en los ojos dijo:

—Es que la caja no está vacía, papi… Yo soplé setenta besos dentro de la caja… Así, cuando te vas de viaje, como no puedes llevarme contigo, te llevas los besitos que yo te regalé para Navidad...

El padre se sintió morir.

Alzó en sus brazos a su hija y le suplicó que lo perdonara por no preguntar, por no comprender, por no saber escuchar.

Se dice que el hombre guardó esa caja y su envoltorio debajo de su cama. Que allí la tuvo durante años, y que cada vez que se sentía triste, desanimado o agobiado por las dificultades de la vida, cogía de la caja uno de los besos que su hija le había regalado y recordaba el amor con el que su niña los había puesto allí...

Paso 6

Aprende a aprender con humildad

Escuchar, como dijimos, debería servirnos sobre todo para aprender la parte del todo que todavía ignoramos. Debería servirnos, según razonamos juntos en el capítulo anterior, para regular el darnos cuenta de que no tenemos (nadie tiene) el monopolio de la verdad y centrarnos en la necesidad de completarnos con la verdad de otros.

Esto conlleva, claro, una importante cuota de humildad, porque aprender siempre es un acto humilde.

Anclados a nuestra soberbia, nada puede sernos explicado.

El que no se anima a bajar del pedestal de creer que lo sabe todo nada puede aprender de los demás, a los que sin escuchar desprecia porque supone o, peor aún, decide que nada pueden enseñarle.

Ninguna condena puede ser peor que la de estar limitado a saber solamente lo que uno ya sabe. Y esa cárcel es la de los soberbios. La vida es por supuesto la exploración de cosas nuevas y su sentido es, para todos, el de crecer.

Alguna de las distorsiones que supimos crear, incorporar y transmitir es la de creer que el crecimiento y el desarrollo pasan por la cantidad de posesiones y por el tamaño de la caja fuerte donde se guarda el dinero.

Y yo puedo entender el origen de esta confusión.

Comenzó con la sociedad postindustrial.

Era el momento de la desmedida expansión empresarial y de un crecimiento económico que parecía no tener límites.

Si pensamos en una empresa y se nos ocurre evaluar su progreso, muy posiblemente pensemos con absoluta propiedad en la facturación anual, en el tamaño de la planta, en la cantidad de vehículos de su flota y en su posición comparativa respecto de las demás empresas. Y está muy bien.

Es cierto también que en algunos momentos, didácticamente, uno puede razonar de la misma forma para mostrar, de forma metafórica, algún aspecto de la conducta humana eficaz. Así lo proponen, de hecho, cientos de libros que últimamente mezclan con inmensa creatividad los conceptos de la psicología con los del *management* empresario, para señalar el camino del éxito.

Yo lo comprendo, pero trabajo, escribo y hablo desde hace años tratando que nadie que me escuche olvide que, a pesar de todo lo anterior, los hombres y las mujeres son mucho más que empresas, y no se los puede evaluar como si lo fueran.

El siguiente paso del camino, el sexto, es entonces aprender a aprender.

Saber lo que sabemos y también todo lo que no sabemos, para enriquecernos con el saber de otros.

Escuchar con humildad.

Una vez más, el lenguaje nos puede llevar a confusión si no aclaramos que hablamos de la humildad y no de la humillación. No me refiero a la tendencia a someterse a todo y a todos, sino a la capacidad de aceptar lo mucho que uno tiene para aprender y la gratitud que se debe sentir por aquellos capaces de enseñarnos la parte del camino que nunca recorrimos.

Cuenta un viejo cuento tradicional...

Había una vez un hombre que buscaba la verdad.

Muchas veces había escuchado de boca de hombres con fama de ser muy sabios que la verdad era una luz radiante que iluminaba hasta el más oscuro de los rincones de la ignorancia.

El hombre buscó y buscó la luz de la verdad y, al no encontrarla, empezó a decir que la verdad no existía.

Una noche muy clara, cuando bajó a su aljibe a por agua, vio en lo profundo el brillo de un círculo enorme reflejado en el fondo del pozo.

—Es la verdad —pensó—. ¡¡Existe!!... Y la tengo yo en el jardín de mi casa.

Henchido de orgullo y vanidad, salió a gritar por el pueblo que tenía la verdad brillando en el fondo de su pozo de agua.

Muchos se burlaron de él y el hombre los trató con desprecio.

—Éstos son como yo era —pensó—, no creen en la verdad porque nunca la han encontrado.

Otros simplemente no le creyeron.

—¡Escépticos! —les gritó.

Unos pocos le escucharon con atención. No sólo creyeron en su palabra sino que le aseguraron que también ellos tenían la verdad en su aljibe.

De alguna manera, estos últimos lo irritaron aún más que los que desconfiaban de él.

Pero se calmó pensando que no debía enfadarse. Después de todo, eran pobres ingenuos que vivían engañados creyendo que eran los poseedores de la verdad aunque, por supuesto, no la tenían, ciertamente.

«Cómo podrían tener la verdad —se decía— si yo mismo la tengo en mi pozo.»

Sin embargo, después de ir a casa de algunos, los más amigos, comprobó que la luz de sus pozos no sólo era real sino que además era por lo menos tan radiante como la del suyo.

—Ahora lo comprendo. Hay muchas verdades —concluyó—. Cada uno tiene la propia y todas irradian su propio resplandor.

Un día, al visitar el pozo para dejar que la verdad iluminara su rostro, miró en el fondo y no encontró el brillante círculo luminoso.

Él no lo entendió pero lo que sucedía era simplemente que el viento soplaba muy fuerte esa noche, y el agua agitada dentro del pozo no llegaba a reflejar la luz de la luna que, a pesar de todo, brillaba radiante en el cielo.

Pensó que la verdad lo había abandonado y se sintió triste y desesperanzado.

En un retorno a lo divino, alzó los ojos llorosos al cielo... **y la vio.**

Entonces comprendió.

La luz de su aljibe no venía desde dentro. La suya y la de otros era el reflejo de la Luna en el firmamento, reflejada dentro de cada pozo.

Así evoluciona nuestra relación con la verdad.

Todos empezamos desconfiando de que exista alguna verdad.

Antes o después, descubrimos un pedacito de ella y nos enamoramos de nuestro descubrimiento. Nos creemos superiores y dotados, portadores de una verdad única e incuestionable.

Con el tiempo, nos vemos obligados a aceptar que hay otros que también tienen su verdad; y después de intentar descalificarlos sin éxito, los incluimos en la lista de elegidos, que por supuesto integramos, la nómina de aquellos que encontramos la verdad.

Finalmente nos damos cuenta de que la verdad no es algo que alguien pueda poseer. Aceptamos nuestras limitaciones y nos conformamos con acceder aunque sea al tibio reflejo de su luz, y esto ni siquiera permanentemente.

Dar este paso, imprescindible en nuestro camino, es encontrarnos por fin en el lugar de la humildad del que sabe lo que no sabe y está decidido a aprender.

Es aceptar que nadie es dueño de la verdad.

En todo caso, cada uno puede acceder, y sólo por momentos, a pequeños retazos de ella, reflejos de una verdad mayor que nos ilumina a todos.

Paso 7

Sé cordial siempre

Si podemos sumar solamente el trabajo que nos lleva conocernos, con el paso dado hacia el descubrimiento de nuestra humildad y la decisión de reírnos de nuestros defectos, no podremos evitar enfrentarnos con el siguiente paso.

Para darlo, deberemos conseguir que esa sonrisa interna, de la que hablábamos, se muestre al exterior y se comparta generosamente. Deberemos lograr que esa actitud de «contagiar alegría» se vuelva indiscriminada y adopte la forma de un buen trato al prójimo, incondicional e indiscriminado.

Es casi fácil ser amable con aquellos que nos tratan con calidez y respeto, pero quizá no sea tan sencillo contestar amablemente al que no es amable con nosotros. Decidirse a usar dos minutos de nuestro tiempo para cruzar la calle y saludar afectuoso al vecino que ni nos vio, agobiado por la urgencia de sus problemas. ¡Aprender a ser capaces de sonreír pacíficamente aun ante aquellos que están en «esos días insufribles»!

Sería un gran paso hacia delante. ¿No crees?

Algún distraído puede pensar que es un tema menor, que es una simple propuesta diplomática, una actitud cínica o la expresión de un cierto servilismo idiota. Yo no lo creo así. Como terapeuta, puedo asegurar que este séptimo paso es imprescindible si nos damos cuenta de lo difícil que sería intentar recorrer el camino de la realización personal en absoluta soledad, sin compañeros de ruta, sin la mirada de otros, sin el afecto de algunos.

Como ya he dicho, nadie llega demasiado lejos sin afecto.

Nadie ve el horizonte si no consigue relacionarse amorosamente con los que lo rodean.

Nadie, absolutamente nadie, triunfa sin ser amado.

Todos recordamos en Buenos Aires aquella divertida empleada pública que el humorista Antonio Gasalla creaba cada semana para su programa de televisión. Una desencajada gritona que nos hacía reír a carcajadas cuando nos obligaba a evocar las situaciones en las que el maltrato de las oficinas de atención al público nos tenía como víctimas.

Era fácil sentirse identificado con los pobres ciudadanos que quedaban en manos de su sádica manifestación de poder burocrático; pero pocos éramos capaces de reconocernos en el espejo que el propio personaje representaba, reflejando a los que, con mucho más disimulo, a veces hacemos víctimas a otros de nuestro cargo, nuestro poder o nuestra condición.

Estoy seguro de que es responsabilidad de todos empezar a dejar de lado el maltrato cotidiano a que nos sometemos mutuamente.

Ha llegado la hora de crecer en el respeto a los demás, y esto implica no hacer pagar a otros el precio de mi frustración o mi monotonía.

Sostengo que debemos generalizar el buen trato y desactivar así la cadena de malos tratos que los terapeutas solemos llamar desplazamiento.

Maltrato a mi esposa porque mi jefe me ha maltratado, fastidiado porque un gato desconocido lo arañó esta tarde en un callejón. Ella, enfadada e impotente, se enoja con el muchacho que trae la cesta con la compra. Él se desquita con el puntapié que le da al gato que cruza en el callejón y éste arañando a la próxima persona que se le acerque...

Decían los griegos que enfadarse es fácil, pero hacerlo con la persona adecuada, en el momento adecuado y con la intensidad adecuada es patrimonio de los sabios... Quizás hoy día también habría que ser sabio para esquivar sin que nos afecten o sin enojarnos, los cubazos de malos augurios que nos echan los que viven enfadados con su propia existencia, buscando cómplices de su propia amargura.

Había una vez en un pueblo un peluquero que era famoso por su mal humor. Su actitud agria y su pesimismo eran antológicos, pero como era la única peluquería, todos eran sus clientes.

Un día, uno de ellos le contaba ilusionado que se iba de viaje a Europa.

—¿Europa? —preguntó el hombre dando un corte profundo en el pelo del cliente—. ¿Para que va a ir a Europa? Allí todo es viejo y está lleno de polvo. Y la gente... Los franceses son antipáticos, los alemanes son fríos, los belgas no se enteran de nada, los suizos... ¡ufff!, mejor ni hablar de los suizos...

—Bueno, en realidad, lo cierto es que me voy principalmente a Italia...

—¿Italia?... ¿Cómo se le ocurre?... En Italia todo es complicado, nadie le presta atención, todo es una reliquia y no puedes tocar nada, mirar nada, caminar por ningún lado...

—Es que me hace mucha ilusión ir a Roma, al Vaticano, a ver al Papa antes de que...

—¿Ver al Papa? —contraatacó el peluquero—. ¿Usted sabe lo que es la plaza de San Pedro? Cientos de miles de personas apiñadas mirando pequeñas ventanitas en un edificio vetusto. De repente se abre una ventana y alguien le dice que ese puntito blanco que ni siquiera se ve es el Papa... Por favor..., viajar hasta allí para esa estupidez... ¡Qué tontería!

El cliente decidió no hablar más y, al acabar el corte de pelo, se despidió y se fue.

Tres meses después, el cliente estaba otra vez en el sillón del barbero. Éste le preguntó sarcástico:

—¿Y qué tal Europa?

—La verdad es que tengo que admitir que de muchas maneras usted tenía razón —dijo el hombre bajando la cabeza—. Al llegar a Inglaterra me habían perdido las maletas, los franceses se empeñaban en no entender mi castellano, ni mi inglés, y para completarlo en Bélgica se les pasó mi reserva y me encontré en Bruselas de noche y sin hotel…

Hubo casi un rictus de satisfacción en la cara del peluquero.

—Y otro tanto en Italia —dijo al fin para cosechar su siembra.

—Sí, otro tanto, salvo lo del Vaticano…

—El Vaticano…, millones de personas.

—Sí, claro —admitió el cliente—. A esa altura yo no esperaba otra cosa que lo que usted me había anticipado…

—¿Y…? —preguntó el barbero dejando las tijeras.

—Pasó algo increíble… Mientras estábamos en la plaza, el Santo Padre salió a la ventana…

—Sí…, el puntito blanco en una ventana...

—Sí…, pero de repente ocurrió lo que nunca… El Papa hizo una señal a sus cardenales y todos nos sorprendimos al ver que Su Santidad aparecía a pie en la plaza. Había decidido bajar de sus aposentos y ese día caminar entre la gente. Usted no se imagina la emoción… Quizá pudiera verlo de cerca.

—La verdad que eso es tener suerte ¿eh? —dijo el peluquero casi contrariado.

—La verdad es que sí. Mucho más cuando me di cuenta de que caminaba con decisión hacia el grupo de gente donde estaba yo…

—Me imagino… Un apretujón de aquellos… Habrá salido todo machacado.

—Para nada, porque para mi sorpresa el Papa se detuvo exactamente frente a mí. Como si me hubiera bajado a buscar... ¿se da cuenta? Como si me hubiera visto desde allí arriba.

—¿Qué me dice?... El Papa en persona... —dijo el peluquero con una mueca que mostraba claramente su fastidio.

—Sí..., en persona —siguió el cliente.

—¿Y? —preguntó el otro.

—El Papa me acarició la cabeza y me dijo algo que nunca olvidaré...

—¿Qué le dijo el Papa?

El cliente estaba esperando este momento. Con una sonrisa de oreja a oreja contestó:

—Me dijo: «Figlio mío, ¿quién es el animal que te corta el pelo?».

Paso 8

Ordena lo interno y lo externo

Paradójicamente, para hablar de este octavo paso, debo cambiar el orden de mi pensamiento.

Para hablar del orden voy a empezar por el cuento.

Hace algunos años, después de dar una charla en la maravillosa ciudad de Rosario, un hombre de unos setenta años se acercó y se ofreció a contarme un cuento. Yo lo escuché con atención y aprendí este relato que hoy quiero compartir contigo.

Una vez, un profesor de filosofía apareció en su clase con una gran vasija de cristal y un balde lleno de piedras redondas del tamaño de una naranja.

—¿Cuántas piedras podrían entrar en la vasija? —preguntó.

Y mientras lo decía, demostrando que la pregunta no era sólo retórica, empezó a colocarlas de una en una, ordenándolas en el fondo y luego por capas hasta arriba.

Cuando la última piedra fue colocada sobrepasando el borde de la vasija, los que habían arriesgado el número de catorce murmuraron satisfechos. El maestro dijo:

—Catorce… ¿Estamos seguros de que no cabe ninguna piedra más?

Todos los alumnos asintieron con la cabeza o contestaron afirmativamente.

—Error… —dijo el docente, y sacando otro balde de debajo del escritorio empezó a echar piedras de canto rodado dentro de la vasija.

Las piedrecillas se escabulleron entre las otras ocupando los espacios entre ellas. Los alumnos aplaudieron la genialidad de su docente.

Y cuando hubo terminado de llenar el recipiente, dejó el balde y volvió a preguntar:

—¿Está claro que ahora SÍ está lleno?

—Ahora sí —contestaron los alumnos satisfechos…

Pero el maestro sacó de abajo del escritorio otro balde. Éste venía lleno de una fina arena blanca.

Con la ayuda de una gran cuchara, el profesor fue echando arena en la vasija, ocupando con ella los espacios que habían quedado entre las piedras.

—Ahora sí podemos decir que está lleno de piedras —aseguró el profesor—. Pero ¿cuál es la enseñanza?

Un murmullo invadió la sala.

Se hablaba de la necesidad de orden, de colocar las cosas, de astucia e ingenios, de no confiar en las apariencias y de tantas otras cosas muy simbólicas.

—Todo eso es verdad —intervino el creativo docente—. Pero hay un aprendizaje más trascendente.

El docente hizo una pausa muy teatral y luego concluyó.

—Es importante hacer primero lo primero y después de ello ocuparse de lo demás, cada cosa a su tiempo. No se trata de darse prisa y poner todo en cualquier lugar, ansiosa y descuidadamente. Si yo no me hubiera ocupado de poner primero lo primero y hubiera empezado por la arena, las piedras más grandes no hubieran tenido espacio.

Este octavo paso es el que nos hace saber que, para llegar a destino y para no perder el rumbo, hace falta priorizar lo importante sobre lo accesorio, es necesario ser pacientes en nuestras demandas y privilegiar las grandes cosas sobre las menudencias.

Nos recuerda que la libertad y la capacidad de dejarse fluir no están reñidas con poner en orden algunas cosas y que, si pretendemos terminar ocupándonos de todo, puede ser imprescindible empezar por poner en su lugar lo primero antes de ocuparnos de lo último.

Es cierto que siempre hay cosas que deben resolverse antes que otras si uno pretende encontrar la manera de resolverlas todas, pero no es menos cierto que, para saber cuáles son cuáles, he de haber aprendido a lo largo del camino a calificar mis necesidades en el entorno de mi realidad personal y a darle a las cosas la importancia que les corresponde; ni más ni menos.

Sólo así podremos darnos cuenta de que, en general, conviene empezar por lo grande, por lo más importante, por lo fundamental y sólo en casos muy específicos por aquello para lo cual después puede ser tarde.

A la hora de hablar de prioridades y privilegios no puedo olvidar dos matices fundamentales. El primero, que ningún orden es definitivo e inalterable y que mi lista siempre depende de este momento de mi vida; y el segundo, tanto o más importante, que mi propio orden no tiene por qué coincidir con el orden de otros.

Cuántas veces en nuestra desesperación exigimos a nuestra pareja, a nuestros padres, a nuestro vecino, a nuestro gobernante que solucione nuestro asunto «ahora mismo», que se ocupe primero de nuestro tema, porque es para nosotros prioritario, urgente, imprescindible e impostergable.

Cuántas veces nos quejamos sin tener en cuenta que quizá nuestra «piedra», para nosotros la más importante, es un grano de arena en medio de lo que está pendiente para los demás.

Como ya he dicho, aprendí muchas cosas de esta historia de las piedras y la vasija en estos años. Las dos últimas hace muy poco tiempo.

Aprendí a no olvidar que, para la conveniencia de todos, quizá le toque hoy a mis deseos esperar un momento más adecuado; y lo más importante, aprendí a que hay cosas que, aunque parecen ser menos importantes, no lo son y es necesario dejarles siempre un espacio.

Deja que te cuente...

Tomando al pie de la letra el ejemplo del cuento, me ocupé algunas veces de mostrarlo activamente con piedras, vasija y arena frente a grupos de personas, para enseñar «en vivo» algunas de las cosas aprendidas, sobre todo la importancia del orden y del sentido común.

Hace unos meses, convocado en Salamanca para dar una charla a un grupo de jóvenes universitarios estudiantes de Marketing y Publicidad, monté el «numerito» de las piedras para hablar de las prioridades.

Me hice llevar la vasija de vidrio, las piedras de dos tamaños y la fina arena en el balde.

Desde el principio, me sentí muy entusiasmado con las caras de los alumnos. Era fácil ir adivinando en sus expresiones el proceso interno de su propio descubrimiento, similar al mío la primera vez que aquel hombre me lo contó.

Cuando terminé de explicar lo más importante para aprender de la experiencia, uno de los alumnos se puso de pie y pidió permiso para decir qué había aprendido él.

Sorprendido, acepté.

—¿Puedo pasar a mostrarlo? —preguntó.

—Claro —contesté, sin saber lo que pasaría...

Entonces, caminando hacia el frente, sacó de su mochila una lata de cerveza y vació el contenido dentro de la vasija.

El líquido, por supuesto, fue absorbido con velocidad por

la arena, dejando sólo el rastro de espuma en el borde del recipiente.

—Lo que a mí me demuestra es que, tal como yo pensaba, aunque uno esté lleno de cosas que ordenar…, siempre hay lugar para compartir una cervecita con los amigos…

Junto con los demás, aplaudí su comentario.

El joven alumno tenía razón.

Paso 9

Transfórmate en un buen vendedor

Los resultados deseados o la conquista de un determinado éxito profesional o artístico no dicen demasiado del desarrollo de las personas y tampoco garantizan su felicidad ni la satisfacción del camino recorrido. Sin embargo, nadie puede dudar de que los logros personales y el reconocimiento de la sociedad a la que pertenecemos nos ayudan a seguir adelante.

Este paso, el noveno, es indudablemente poco transitado «oficialmente». Salvo en algunas carreras relacionadas con el marketing y con la publicidad, las universidades y las escuelas de oficios se ocupan poco o nada de la necesidad de aprender a ofrecer atractivamente lo que cada uno sabe hacer.

Y esto sucede porque en un mundo en el que la información y la oferta de lo que los otros hacen llega cada vez más lejos y más rápido, es más y más necesario, por no decir imprescindible, aprender a vender.

Desde que Daniel Goleman empezó a hablar de inteligencia emocional*, la mayoría de ejecutivos y directores de empresas, la totalidad de los profesionales de trato directo con sus clientes y casi todos los dueños de pequeños comercios empezaron a implantar pequeños o grandes cambios en su estrategia comercial. Era lógico que así fuera porque, después

* Daniel Goleman, *La inteligencia emocional*, Kairós, Barcelona 2006.

de todo, cada uno de ellos (y cada uno de nosotros también) tiene un producto para vender, aunque ese producto sea uno mismo.

Vender en este caso no significa «venderse», sino, una vez más, hacer llegar al otro la mejor información de lo que soy y de lo bueno que hago.

Es muy diferente ofrecer lo que me piden, buscando en la estantería por si casualmente lo tengo en existencias, que ofrecer activa y atractivamente lo que tengo para dar.

Los profesionales de ventas dicen que ser un buen vendedor no consiste en conseguir el récord de ventas de frigoríficos en el verano de Monterrey, sino en lograrlo durante el invierno en Alaska.

Hablando del noveno paso...

Cuentan que una empresa había publicado una vez un atractivo aviso solicitando un empleado para su sucursal en el sur.

El aviso debió de ser particularmente tentador porque, desde muy temprano, empezaron a llegar los candidatos.

El perfil buscado no era demasiado fácil: «Joven despierto con buenas referencias, dispuesto a viajar y con sólida formación en ventas y publicidad, etc.».

Sin embargo, más de quinientos jóvenes esperaban en la puerta a las diez de la mañana. El desorden podría haber sido antológico si no fuera porque el guardia de la empresa decidió, con buen criterio, entregar números a los que iban llegando durante la madrugada.

El entrevistador y seleccionador era el hombre que había ocupado el cargo hasta ese momento y que iba a ser promovido a la dirección ejecutiva. Nadie mejor que él podría decidir cuál era su mejor sustituto.

Uno por uno, fue llamando a los candidatos, convencido de que, en cuanto encontrara la persona indicada, despacharía al resto y contrataría al elegido.

Después de ver al quinto de la lista, un mensajero interno de la empresa, pidió permiso para entrar en el despacho y le entregó un papel.

El hombre miró la nota y leyó:

«No elijas a nadie antes de entrevistar al joven número 94.
Estoy seguro que tiene todo lo que se necesita
para el puesto.»

La nota la firmaba «J.».

El hombre se molestó un poco. Nunca le habían gustado los favoritismos y menos las decisiones a dedo. Por otra parte, ¿cómo se atrevía nadie a decirle a él quién tenía las habilidades para el cargo? Había por lo menos cuatro personas en la empresa con inicial J, que podían haber mandado esa nota... Ya hablaría con ellos.

Como ninguno de los noventa y tres primeros le gustó, aunque también un poco influido por la nota y la certeza del autor de la nota, finalmente al joven noventa y cuatro le llegó su turno.

Al principio un poco reticente, el seleccionador fue encontrando en el muchacho las condiciones indicadas para el cargo. El joven era además encantador y sus antecedentes, excepcionales. Sin decirle a él una palabra, llamó al mensajero y le dijo delante del entrevistado:

—Por favor, dígales a los que esperan que el cargo ha sido ocupado y agradézcales haberse presentado.

El joven sonrió y tendió la mano al entrevistador dándole las gracias sinceramente. Éste lo miró ahora y con la nota en alto le dijo:

—La persona de la empresa que lo recomienda tenía razón, valió la pena esperar a entrevistarle.

—Yo no conozco a nadie en la empresa —dijo el nuevo empleado—. Esa nota la escribí yo...

Hizo una pausa para evaluar la cara del hombre que tenía enfrente y terminó:

—Estaba tan seguro de que ese puesto era ideal para mí que no quise perderme yo, ni hacerle perder a la empresa, la oportunidad de que usted me conociera.

Paso 10

Elige buenas compañias

Esperamos haber dado los primeros nueve pasos; sin embargo, queremos que el décimo paso sea una sabia elección de nuestros compañeros de ruta.

Ahora que hemos sobrevivido a ese doloroso ataque a nuestra vanidad que fue aceptar que sólo poseemos, como mucho, el reflejo de una pequeña porción de la verdad, nos parecerá natural y lógico aceptar y respetar las ideas ajenas; las de todos, incluso, o quizás especialmente, las de aquellos que piensen exactamente lo contrario que nosotros.

Esto no debe significar que nos dé igual quién camine a nuestro lado. Respetamos las diferencias y elegimos nuestra compañía.

Si tuviéramos que decir ahora mismo y sin pensarlo demasiado algunos nombres de personas con quienes nos gustaría caminar hacia el futuro, pocos podríamos decir más de uno o dos nombres.

Sin embargo, si nos pidieran la lista de aquellos con quienes no nos gustaría recorrer el camino, la mayoría podría dejar salir, sin dudarlo, una lista de diez personas o más, individuos que, justa o injustamente, evocan en nosotros esa certeza interna: con ellos NO.

Yo sé, por ejemplo, que no me gustaría que me acompañara ninguno de los monstruosos sádicos que experimentaban con humanos en la Alemania nazi, ni con los asesinos de la Rusia estalinista.

No quisiera caminar con los responsables de los excesos cometidos durante la guerra sucia en Argentina, ni con los que planearon o encubrieron las masacres de aquel espantoso 11 de septiembre o del más reciente 11 de marzo en Atocha.

Sé que no quiero ir en la misma dirección de quienes deciden las guerras ni de quienes hacen negocio mostrándolas por televisión. Reniego por igual de caminar en compañía de los autores de los salvajes atentados palestinos y de la no menos salvaje represalia israelí.

Definitivamente, no quiero ser compañero de aquellos pobres hombres que vimos festejando en Irak la captura de un vehículo civil y la quema de los cuerpos aún vivos de sus ocupantes; con la misma convicción con la que sé que no quiero caminar al lado de los responsables directos e indirectos de los vejámenes a los presos en cárceles de Irak. Es sencillo estar de acuerdo con esta lista y seguramente también lo sería agregar dos o tres grupos de personas a la lista de descartables postulantes a acompañarnos; pero con convicción se podrá hacer una lista de los otros, aquellos con quienes vale la pena ir.

Tal vez el primer punto para construirla sea no pretender elegirlos con la cabeza, sino con el corazón, aunque no faltará el que piense que es el discurso de un anacrónico guerrero naíf sosteniendo la fuerza irremediable del amor y la esencia bondadosa de las personas. Tampoco estarán ausentes los que me acusen, como tantas veces, de ser un ridículo optimista.

En fin, en todo caso eso soy y debo convivir con ello.

Hace poco más de un año, en momentos difíciles de mi vida, confirmé la importancia que tiene la cercana presencia de los que queremos y nos quieren. Amigos, familia, lectores, vecinos, colegas, maestros…, compañeros de ruta, como me gusta llamarlos. Los compañeros indicados para la ruta que finalmente uno ha sabido conseguir, ha podido elegir o le ha tocado vivir.

En un mundo donde la carrera por tener más y gastar más aún impide a mucha gente registrar a quienes tienen al lado, los fines de semana se han ido transformando, para el habitante civil urbano de clase media, en otra desenfrenada persecución, esta vez, detrás del placer instantáneo.

Todo parece indicar que **hay** que levantarse temprano para disfrutar del día; **hay** que correr al club para poder jugar al tenis; **hay** que salir disparado por la carretera para llegar primero y conseguir el mejor lugar; **hay** que comer en dos minutos para ver el partido; **hay** que dar rápido la vuelta al parque en bicicleta (porque hace tanto que no la usamos); **hay** que terminar a tiempo la partida de naipes, porque todos queremos que no nos coja un atasco, y **hay** que llegar a tiempo para ver la película que todo el mundo dice que no nos podemos perder.

Y demasiadas veces, por no perdernos nada, nos perdemos nosotros, nos perdemos a los otros, nos perdemos el verdadero placer de compartir las cosas con nuestros amigos.

Compartir, por ejemplo, este antiquísimo cuento:

Un hombre es atrapado por una terrible tormenta de viento y lluvia mientras atraviesa el desierto. Ciego de rumbo y luchando contra la arena que le lastima la cara, avanza con gran dificultad tirando de las riendas de su caballo y controlando de vez en cuando a su perro. De pronto, el cielo ruge y un rayo cae sobre los tres matándolos instantáneamente.

La muerte ha sido tan rápida y tan inesperada que ninguno de ellos se da cuenta, y siguen avanzando, ahora por otros desiertos, sin notar la diferencia.

En el cielo la tormenta se disipa y rápidamente un sol abrasador empieza a calentar la arena, haciendo sentir a los caminantes la urgencia de reposo y agua.

Pasan las horas; nunca anochece. El sol parece eterno y la sed se vuelve desesperante.

De pronto el hombre ve, delante, un ojo de agua, palmeras, sombra, y los tres corren hacia allí.

Al llegar, descubren que el lugar está cercado y que un guardia cuida la entrada debajo del portal que dice:

«Paraíso»

El viajero pide permiso para pasar a beber y descansar y el guardia contesta:

—Tú puedes pasar, desconocido, pero tu caballo y tu perro deben quedar afuera.

—Pero ellos también tienen sed y además vienen conmigo —dice el hombre.

—Te entiendo —contesta el guardia—, pero éste es el paraíso de los hombres, y aquí no pueden entrar animales. Lo siento.

El hombre mira el agua… y la sombra. Está agotado y sin embargo…

—Así no —dice.

Toma las riendas de su caballo, silba a su perro y sigue andando.

Unas horas, unos días o unas semanas más tarde, el grupo encuentra un nuevo oasis. Al igual que el otro, está rodeado de una cerca, al igual que aquel está custodiado por un guardia. Hay un cartel:

«Paraíso»

—Por favor —dice el hombre—, necesitamos agua y descanso.

—Claro, adelante —dice el guardia.

—Es que yo no entraré sin mi caballo y sin mi perro —advierte el hombre.

—Claro. A quién se le ocurre. Todos los que llegan son bienvenidos —contesta el guardia.

El hombre se lo agradece y los tres corren a hundir su cara en el agua fresca.

—Pasamos por otro «Paraíso» antes de llegar aquí —dice el viajero, después de un rato—, pero no me dejaron entrar con ellos...

—Ah, sí... —dice el guardia—. Ese lugar es el Infierno.

—Pero qué barbaridad —se queja el hombre—, ustedes deberían hacer algo para sacarlos del camino al Paraíso.

—No —le aclara el hombre vestido de blanco—, en realidad nos hacen un gran servicio. Ellos evitan que lleguen hasta aquí los que son capaces de abandonar a sus amigos...

Como dije.

Nadie llega muy lejos sin el amor de otros.

Nadie llega a ningún lado olvidándose de los que ama.

Diez pasos más hacia adelante

Hemos dado ya los primeros diez pasos que inician el camino hacia la realización personal.

Hemos trabajado en saber quiénes somos, en volvernos personas autónomas y en aprender a amar comprometidamente.

Hemos empezado a reírnos de nuestros defectos.

Nos ocupamos de escuchar activamente a los demás, e intentamos aprender de ellos con humildad.

Casi siempre somos cordiales y considerados.

Organizamos nuestro tiempo y respetamos el tiempo ajeno.

Rescatamos la importancia de vender nuestras capacidades.

Y hemos conseguido rodearnos de las personas adecuadas.

Haber recorrido la mitad del trayecto es una buena razón y un magnífico momento para aprender que hay instantes en los que es necesario detener la marcha, aunque sea un momento, y aprovechar esa parada para mirar hacia atrás el camino recorrido y quizá, por qué no, para celebrar lo hecho.

La sabiduría popular nos enseña que alejarse permanentemente de una tarea o de un problema es escapar; es expresión de un temor que puede evitarse o un símbolo de irresponsabilidad. Sin embargo, alejarse durante un momento para después volver, puede ser la mejor forma de descansar para encarar mejor lo que sigue, de prepararse para el siguiente desafío y también la oportunidad de premiarse por los obstáculos dejados atrás.

Paso 11

Actualiza lo que sabes sin prejuicios

Escribí hace unos años…

Todo lo que sabes.
Todo lo que eres.
Todo lo que haces.
Todo lo que tienes.
Todo lo que crees.
Todo te ha servido para llegar hasta aquí…

¿Cómo seguir?
¿Cómo ir más allá?

Es tiempo de usar
todo lo que todavía no sabes,
todo lo que aún no eres,
todo lo que por ahora no haces,
todo lo que afortunadamente no tienes,
todo aquello en lo que no crees.

Un peligro que nos acecha frecuentemente es que, deseosos de aprender cosas nuevas, nos olvidamos de atender la necesidad de estar al día en lo que alguna vez supimos o dominamos. En un mundo que evoluciona con tanta rapidez como el que vivimos, este descuido podría dejarnos en poco tiempo en la misma situación de quien nada supo y nada sabe.

Al principio de nuestra era, heredamos de la civilización grecorromana cierto grado de conocimientos científicos. La historia de la ciencia señala que la evolución del saber del hombre duplicó esos conocimientos en los siguientes mil años. Supuestamente, el ritmo de esta duplicación comenzó a acelerarse desde el 1400, y en un total de setecientos años se volvió a duplicar la suma del saber heredado de la cultura universal. La ciencia no se detuvo ni intimidó y la siguiente duplicación le llevó al hombre solamente ciento cincuenta años. Bastaron cincuenta años para el salto siguiente, empujado por la tecnología desarrollada alrededor de las dos guerras mundiales. (En 1903, el Premio Nobel de Química fue concedido al Dr. Arhenius por su trabajo sobre la disociación electrolítica; cuatro décadas después, el mismo premio fue otorgado al Dr. Debye, que demostró que la teoría de Arhenius era incorrecta.)

Igualmente sucedió entre los años 1950 y 1978, en solo veintiocho años, y volvió a pasar en poco más de dos décadas.

El siglo XXI asiste a plazos de duplicación cada vez más cortos. Hoy, casi todos los científicos determinan ese punto en alrededor de un lustro, y predicen para dentro de veinte años una más que posible duplicación global del saber humano cada seis meses.

—Muchas cosas que hoy son verdad no lo serán mañana —señalaba con toda razón Gabriel García Márquez y luego alertaba—: Quizás, con el tiempo, hasta la lógica formal quede degradada a un método escolar para que los niños entiendan cómo era la antigua y abolida costumbre de equivocarse.

Nuestros dos próximos pasos se relacionan con este «problema» que nos plantea el mundo tan cambiante. El primero, del que nos ocuparemos ahora como primer paso de la segunda etapa, consiste en actualizar lo que sabemos, es decir, revisar, descartar, descubrir, completar y mejorar lo que siempre tuvimos como cierto. El segundo, del que nos ocuparemos en el próximo capítulo, nos habla de crear nuevos diseños y actitudes para mejorar los viejos productos, nuevas soluciones a viejos problemas y nuevas respuestas a situaciones imprevistas, lo llamaremos creatividad.

Aprendí como psiquiatra una norma de vida que he utilizado y enseñado desde hace muchos años. Un viejo maestro de la salud mental definía la locura de una manera muy particular y provocativa.

Estar loco no es, como la gente piensa, un impulso que lo lleva a uno a hacer cosas extrañas. La verdadera locura, nos decía siempre, es hacer todo el tiempo lo mismo y pretender que el resultado sea diferente.

Cuenta la leyenda urbana que a un ómnibus local de un pequeño pueblo subió un día una joven.

Pagó su billete y se sentó en el único asiento que quedaba libre, al lado de un señor, elegantemente vestido, que le sonrió acomodándose para hacerle más sitio.

Apenas el vehículo se puso en marcha, la joven sacó de su bolso un sobre y volvió a mirar su contenido, un papel de carta con un logotipo azul en una esquina y unas pocas letras escritas a máquina.

Luego suspiró ruidosamente y una sonrisa enorme se dibujó en su hermoso rostro.

—Buenas noticias... —dijo el señor, sintiéndose un partícipe involuntario.

—Oh..., disculpe —dijo la joven, dándose cuenta de lo que había hecho.

—No hay problema, al contrario... ¿Buenas noticias?

—Buenísimas… ¡Estoy embarazada!

—Cuánto me alegro… Felicidades —dijo el hombre tocándole la mano paternalmente.

—Sí, yo también me alegré muchísimo… Hace tiempo que quería este embarazo. Ya llevo cuatro años casada… y cuando no era por una cosa era por otra, nunca conseguíamos que esta prueba diera positiva.

—Es increíble cómo se dan las coincidencias —dijo el hombre, sacando de su bolsillo un sobre de correos—. Yo también acabo de recibir una buena noticia. Hace ya dos años que compré un caballo de carreras y, como usted dice, cuando no era por una cosa era por otra, nunca había conseguido ganar un gran premio… Y mire, hace apenas unos minutos, me llegó este telegrama avisándome de que, por primera vez, ganamos una carrera del circuito oficial.

—A veces el azar hace cosas maravillosas. ¿No cree? —preguntó la joven.

—Sí…, aunque en este caso al azar tuve que ayudarlo… Voy a contarle un secreto —dijo el hombre bajando la voz y arrimando su mano a la boca como quien quiere esconder sus palabras—. Yo estaba tan deseoso de ganar una carrera… que sin decírselo a nadie decidí cambiar de jinete.

—Le voy a contar otro secreto… —dijo ella repitiendo el gesto de él—. Yo también.

Paso 12

Sé creativo

Como ya he dicho, en un mundo donde el acceso a Internet es cada vez más fácil y las comunicaciones son cada vez más rápidas, cualquiera puede, en segundos, enterarse de las infinitas posibilidades que hay en todo el planeta de conseguir lo que nosotros podemos ofrecer. Productos similares a los que fabricamos, artículos iguales a los que tenemos o servicios del mismo tipo de los que prestamos..., y mucho más baratos.

Deberemos pensar, pues, en hacer de lo nuestro algo distinto, algo novedoso, algo único, de alguna manera. Y ése es el campo de la creatividad, aunque no es ni con mucho el único de sus terrenos.

Nuestra formación racionalista privilegia la meta al camino, sobrevalúa la utilidad de la compañía sobre el placer de estar acompañado y desprecia el peso de la vivencia propia, jerarquizando lo aprendido por otros y explicado por los expertos sabihondos de siempre.

Sin embargo, hay al menos dos formas de plantearse la acción futura. Apoyándose en la seriedad de la experiencia y lo conocido del adulto o reclinándose en lo vivencial y experiencial del niño interno.

En el primer camino, la memoria y la racionalidad nos informan sobre cómo actuar para que la experiencia propia y ajena nos permita la cuota de precisión que nos haga suficientemente idóneos como para no cometer errores. El resultado, supuestamente ideal, es el de acertar la mayor parte de las veces y conquistar desde allí el objetivo buscado, que llegará junto con el aplauso y el reconocimiento que conocemos como éxito o triunfo y que tanto se parece al amor. Ésta sería la secuencia:

Intelecto
Experiencia y precisión
Conducta idónea
Menos errores
Más aciertos
Aplauso
Reconocimiento

Si nos animáramos a prescindir un poco de la voz de la experiencia, terminaríamos despertando nuestro lado más creativo, descubriríamos que los hechos siempre tienen algún aspecto nuevo y diferente y, empujados por la curiosidad, acabaríamos buscando respuestas innovadoras y propuestas originales. Está claro que esto no garantizará los aciertos, pero asegurará un camino poco rutinario y, por lo tanto, una buena cuota de diversión y un excelente caudal de crecimiento. La secuencia sería esta otra:

Sensibilidad
Curiosidad de exploración
Conducta creativa
Más errores
Más aprendizaje
Diversión
Crecimiento

Si el argumento del desarrollo como persona no fuera suficiente incentivo, quisiera establecer que, por fuerza, necesitaremos también de nuestra creatividad cada vez que la experiencia sólo consiga acercarnos a soluciones que ya no sirven para nuestros problemas.

Este paso, el decimosegundo, sumado a la ya vista decisión de actualizar lo que sabemos, será siempre la mejor manera de encontrar nuevas respuestas a las preguntas de antaño y también, por qué no, la forma de encontrar en alguna antigua solución, la posibilidad de ayudar a resolver un problema nuevo.

Son éstos, pues, los dos pasos más importantes para seguir avanzando, aunque solemos olvidarlos a la hora de buscar resultados. Dos herramientas que descuidamos; a veces restándoles valor con absoluta conciencia y otras sin darnos cuenta de su verdadero peso.

En uno de sus libros sobre inteligencia emocional, Daniel Goleman relata un episodio sucedido en una supuesta empresa, que bien podría terminar así…

Todo sucede, digamos, en una importante empresa de importaciones. Allí trabaja desde hace muchos años Cristina, una mujer muy formada y eficiente. A ella le encantaba su trabajo, le gustaba cada tarea del área y disfrutaba con el estudio de cada operación a su cargo, tanto como de los resultados que obtenía, cada vez con más facilidad.

La mujer estaba más que conforme con su lugar de trabajo y no le asustaba su responsabilidad, antes bien, la consideraba adecuada al sueldo que cobraba, que le permitía mantenerse y «darse algunos caprichos» de vez en cuando.

Todo era ideal… salvo… su relación con su jefe, el gerente de comercio exterior. Con él, en realidad, todo iba mal.

Desde que ese señor había entrado en la oficina, no había día en el que Cristina no se sintiera abrumada por la presión de su jefe, ignorada a la hora de una decisión en su sector o manifiestamente maltratada delante de sus compañeros.

Ella lo había intentado todo. Había seguido los consejos de su familia, que le aconsejaba no enfrentarse y «seguirle la corriente», pero había sido peor. También había intentado hacer caso a las palabras de sus compañeros, que, solidarizándose con ella, sugerían que si se enfrentaba conseguiría que el autoritario jefe pusiera pies en polvorosa, pero sólo consiguió entorpecerse más cada día. Finalmente fracasó al intentar hablar con él para pedir algún tipo de explicación. Su malestar era tal que Cristina empezó a pensar que debería renunciar a su cargo.

La tarde en la que este cuento comienza es aquella en la que Cristina, finalmente, llegó a una importante empresa de colocación de personal especializado y pidió con resignación los formularios para solicitar trabajo.

Con la cabeza gacha y arrastrando los pies, caminó hasta su casa asimilando su dolor e impotencia.

Al llegar, se preparó un puré instantáneo y después de removerlo en el plato, sin deseos de probarlo, dejó que se enfriara y se hizo un té que llevó en silencio hasta su mesita de noche.

Durante un rato Cristina miró la televisión, sin ver, y luego se quedó dormida, llorando la injusticia de la decisión que se había visto obligada a tomar.

Después de despertarse una decena de veces, Cristina se despertó de madrugada, eufórica.

Animada a pesar del poco descanso de la noche, se duchó rápidamente y se sentó junto a la ventana para llenar la solicitud de empleo.

Consciente y decididamente exageró sus virtudes y disimuló sus defectos; destacó sutilmente las palabras excelencia, productividad y tesón y se extendió en sus antecedentes.

Al finalizar revisó la solicitud y sonrió satisfecha. Colocó la hoja en un sobre y partió hacia la agencia.

En sólo una semana (más rápido de lo que había podido imaginar en sus deseos más optimistas) llegó una propuesta de trabajo verdaderamente imposible de rechazar.

Ha pasado el tiempo. Hoy Cristina ocupa muy feliz el puesto que ocupaba su jefe y en la misma empresa de siempre. Se dice que él también está muy contento en el nuevo trabajo que le consiguió Cristina, en la más importante empresa de la competencia.

Paso 13

Aprovecha el tiempo

Hace mucho tiempo, cuando todavía trabajaba en aquel minúsculo consultorio compartido del barrio de Once, aprendí de mi paciente Ricardo que los hechos significativos llegan a nosotros de múltiples maneras, hasta que nos decidimos a aprenderlos y ponerlos en práctica.

Charlábamos esa tarde de vivir intensamente el presente. Le decía que me parecía horrible lo que él hacía. Cada día, pensando en lo que había pasado ayer y antes de ayer y el día anterior al anterior. Cada noche, reprochándose los errores cometidos y mintiéndose pensando que, si volviera atrás en el tiempo, haría todo lo contrario de lo que hizo (idea de absoluta falsedad ideológica, porque si cada uno volviera al momento del error sin llevarse el conocimiento de hoy, sabiendo solamente lo que sabíamos entonces, volveríamos a hacer lo mismo, porque con esos datos lo que hicimos nos seguirá pareciendo la mejor opción...). Cada tarde, planificando minuciosamente el día siguiente y el posterior y el que seguiría a aquél para garantizarse (sin ninguna garantía) que lo que él deseaba o había previsto, finalmente se hacía realidad.

Yo le decía que el presente es el único momento en el que se puede actuar y que era su responsabilidad descubrirlo e interactuar con el mundo en el que vivía. Que yo entendía y alentaba la idea de aprovechar la experiencia y que avalaba el tener proyectos, pero que eso no debía distraerlo de vivir anclado a hoy. De hecho, le insistí, sería maravilloso disfrutar siempre de la sorpresa que significa estrenar cada día un nuevo e imprevisible presente. Un presente eterno y renovable.

Le conté entonces el famoso y divulgado enigma del banco que hoy comparto también contigo:

Imagínate que existe un banco que cada mañana acredita en tu cuenta la nada despreciable suma de 86.400 euros. Ni uno más ni uno menos. 86.400 euros diarios para ti, sin pedir explicaciones ni rendir cuentas. 86.400 euros, tuyos y sin impuestos.

Imagínate que la única restricción de la cuenta que te ha sido asignada es que por una incapacidad del sistema o una decisión del donante, la cuenta no mantiene los saldos de un día para otro.

Cada noche al dar las doce, como el carruaje de Cenicienta vuelve a convertirse en una calabaza, la cuenta elimina automáticamente cualquier cantidad que haya quedado como saldo. Y lo peor, también se desvanece cada euro retirado que no hayas gastado durante el día.

Si algo de saldo se ha perdido, te queda el consuelo de que al día siguiente tendrás frescos y nuevos 86.400 para gastar; aunque no puedes confiarte demasiado ya que nadie sabe decirte cuánto durará este regalo.

¿Qué actitud vas a tomar?...

Seguramente retirar hasta el ultimo euro y disfrutarlo con quien decidas, claro.

—Cada uno de nosotros —le dije a Ricardo— tiene esa cuenta y tiene ese regalo.

Cada mañana el banco del tiempo te acredita a tu disposición 86.400 segundos, ni uno más ni uno menos, y cada noche, el banco borra el saldo y lo manda a pérdida.

El banco no permite cheques posdatados ni admite sobre-giros.

Si no usas tus depósitos del día, la pérdida es tuya.

—Es tu responsabilidad —le dije a Ricardo— invertir cada segundo de tu tiempo para conseguir lo mejor para ti y para los que amas.

Ricardo, que se definía como un hombre muy creyente y un cristiano practicante, me dijo al final de esa sesión, con la cara que ponen los pacientes cuando se dan cuenta de algo:

—Yo nunca había entendido el Padrenuestro hasta hoy.

No entendía de qué me estaba hablando. ¿Qué tendría que ver la sagrada oración con mis alocadas ideas acerca de la salud mental?

Entonces Ricardo me explicó:

—Cada mañana, cuando rezo, le pido a Dios en el Padrenuestro «… danos hoy nuestro pan de cada día…». Y ahora entiendo algo que nunca había notado: le pido a Dios que me dé «hoy» el de hoy. No quiero hoy el de ayer, que quizás esté rancio y duro. No quiero hoy el de mañana, que seguramente no esté horneado… Quiero hoy el de hoy… ¡Qué bueno!

Le agradecí mucho a Ricardo su enseñanza de ese día, se lo sigo agradeciendo hoy. Creyente o no, cristiano, judío, musulmán o ateo, el próximo paso nos involucra a todos. Consiste en animarnos a vivir el día de hoy sin reproches ni postergaciones. Animarnos a vivir cada segundo que aparece, como un regalo en nuestra cuenta, cada día, en el banco del tiempo.

Paso 14

Evita las adicciones y los apegos

Siempre que uno recorre un largo camino, aunque la recompensa sea sabrosa y deseable, pasa por momentos difíciles. Coyunturas en las que todo parece ir cuesta arriba. Como muchos, en algunos de esos momentos tengo la sensación física de que mi cuerpo ya no resiste, sobre todo si lo que sigue se presenta como el comienzo de una altura difícil de escalar. Son tiempos en los que necesariamente pasa por nuestra mente la tentación de quedarse en el lugar al que hemos llegado y olvidarnos del objetivo.

Las circunstancias son diferentes de aquellas en las que debíamos permitirnos descansar y festejar. Son tiempos en los que percibimos que el descanso no alcanza y que las fuerzas flaquean. Tiempos en los que sería bueno volver a detenerse, pero esta vez para revisar el equipaje.

En lo personal, en esos momentos que considero fundamentales, siempre descubro en mi mochila una decena de cosas que no tengo que seguir llevando y que están allí porque alguna vez fueron útiles, porque alguien me pidió que las llevara, porque creí que eran imprescindibles, porque el corazón no me deja abandonarlas en el camino, cosas que cargo por lo mucho que me ha costado tenerlas, o simplemente por si acaso.

Si pienso un poco, me doy cuenta de que todo ese peso terminará impidiendo mi marcha. Es el lastre de lo que no sirve, la carga de lo que no es imprescindible, la tara de lo que no compensa llevar si comparo el esfuerzo que supone con el beneficio que ofrece.

Así funciona la tonta actitud de cargar con lo pasado, con lo viejo, con lo rancio... y cuesta arriba.

Cuando hablo de dar el paso de deshacerse de lo innecesario, no me refiero a arrojar al cubo de la basura la brújula que me regaló mi abuelo y que me sigue siendo tan poco útil como entonces, aunque la adoro. Hablo de esa segunda brújula que me compré a un precio que no valía, enamorado de sus bronces y de sus letras en plata; esa hermosísima brújula que nunca se supo hacia dónde apuntaba y que también llevo en mi mochila, si soy sincero, más por lo que pagué por ella que por lo que me sirve.

Muchos maestros de Oriente nos enseñan que somos seres espirituales y que todos nuestros deseos terrenales no son más que la sombra que nuestros cuerpos materiales proyectan sobre la tierra.

Acompañando esa metáfora, me pregunté un día si en ese planteamiento no está la explicación de mucho, si no todo, lo que nos pasa.

Imagínate que yo decida, siendo fiel a las pautas que la educación de nuestra sociedad de consumo me ha sabido inculcar, correr tras las posesiones que ambiciono o que se corresponden con mi ubicación social, según las pautas de mi entorno y mi época.

Si yo representara esa actitud a la luz de la metáfora planteada, sería el equivalente de tomar la decisión de correr tras mi sombra.

Ahora bien, si cualquiera tomara tan estúpida decisión, ¿qué pasaría?

Primero, nunca alcanzaría lo que persigue.

Segundo, cada vez estaría más lejos,

Tercero, lo perseguido sería cada vez más grande.

Cada vez más grande, cada vez más lejos y con garantía de fracaso… ¿No hay peor verdad?

Pero ¿qué pasaría si ahora mismo me diera cuenta y, girando sobre mis pasos, decidiera caminar hacia la luz, en lugar de correr tras la sombra?

Pasarían simbólicamente tres cosas.

Poco a poco la sombra sería más y más pequeña.

Cada vez estaría más cerca.

Y finalmente, cuando me acerque mucho a la luz, la sombra desaparecerá por completo.

Éste es el camino de este paso, dejar de correr tras la sombra de nuestro deseo de poseer, de acumular, de tener. Caminar en dirección a la luz y dejar que las cosas que deseo me sigan hasta alcanzarme.

Este paso se refiere a deshacerse de todo tipo de adicciones, cosas, personas, conductas, actitudes, ideologías. Se refiere a desapegarse de todo lo que, de alguna manera, no es tuyo.

Lo único que verdaderamente te pertenece es aquello que no podrías perder en un naufragio, dicen los sufís.

Y en la lista de aquellas cosas que seguramente se podrían perder, empecemos por agregar nuestro ego vanidoso y narcisista.

Esto que te cuento sucedió realmente.

En una escuela de niños especiales, que tenían en común padecer síndrome de Down, se organizó en primavera una jornada de olimpiadas.

Todos los alumnos participaban al menos en alguna competencia, y muchos de ellos en más de dos.

El fin de la tarde era en la pista central de la escuela, donde se correría la carrera de cien metros lisos delante de padres e invitados.

La carrera tenía diez corredores que tenían entre 8 y 12 años de edad. El profesor de educación física los había reunido unos minutos antes y, con buen criterio educativo, les había dicho:

—Jóvenes, a pesar de ser una carrera, lo importante es que cada uno de vosotros dé lo mejor de sí. No es importante quién gane la carrera, lo que verdaderamente importa es que todos lleguéis a la meta. ¿Lo habéis entendido?

—Sí, señor —contestaron los niños y las niñas a coro.

Con gran entusiasmo, y ante el griterío de familiares, compañeros y maestros, los corredores se alinearon en la partida. Y tras el clásico «¿Preparados? ¿Listos?», el profesor de gimnasia disparó una bala de fogueo al cielo. Los diez empezaron a correr y, desde los primeros metros, dos de ellos se separaron del resto, liderando la búsqueda de la meta.

De repente, la niña que corría en penúltimo lugar tropezó y cayó.

El raspón en las rodillas fue menor que el susto, pero la niña lloraba por ambas cosas. El jovencito del último lugar se detuvo a ayudarla, se arrodilló a su lado y le besó las rodillas lastimadas. El público que se había puesto de pie se tranquilizó al ver que nada grave había pasado. Sin embargo, los otros niños, todos ellos, se giraron hacia atrás y al ver a sus compañeros, retrocedieron. Al llegar, consolaron a la jovencita, que cambió su llanto en una risa cuando, entre todos, tomaron la decisión. El maestro les había dicho que lo importante no era quién llegara primero, así que entre todos alzaron en el aire a la compañera que se había caído y la cargaron rompiendo la cinta de llegada todos a la vez.

El periódico local ponía en su nota del día siguiente, con toda precisión:

«La emoción más intensa de las olimpiadas especiales de ayer fue la carrera de los cien metros lisos. Si usted no estuvo, pregunte a los asistentes "¿Quién ganó?". No importa quien sea el interrogado, me animo a asegurar que obtendrá siempre la misma respuesta: "En esa carrera, ganamos todos".»

Puede que nos sonrojemos al darnos cuenta de todo lo que tenemos que aprender para animarnos a dejar pasar lo que no nos sirve y para ser capaces de renunciar a lo que nos pesa llevar en la espalda; pero hay al menos algunas noticias alentadoras. Por lo visto, tenemos de quien aprender.

Paso 15

Corre solamente riesgos evaluados

Si hemos podido dar el paso hacia el desapego propuesto unos párrafos atrás, o empezamos a darlo, sabremos entonces que muchos de los riesgos que tanto tememos y que a veces condicionan peligrosamente nuestra conducta son nimios. Los verdaderos riesgos, en todo caso, nunca pasan por las pérdidas que se relacionan con los aspectos económicos o materiales de nuestras vidas.

Adam Smith, el más famoso de todos los economistas y uno de los filósofos más leídos de la modernidad, decía que detrás de todas las búsquedas del hombre había un fin económico; que el dinero y el poder eran el último interés de la conducta de todas las personas. Pero agregaba que esas dos búsquedas eran sólo la garantía de recibir lo más importante y deseado, el reconocimiento del prójimo. Sentirse valioso —decía Smith— y admirado por los demás.

Por si no queda claro, uno de los padres de la economía, uno de los creadores de los modelos sociopolíticos de la filosofía de mercado nos dice que, de todas maneras, el objetivo de la carrera por las cosas materiales sigue siendo la mirada calificadora del otro (y agrego yo: su aceptación, su compañía, su amor).

Así como en el capítulo anterior te proponía que aprendiéramos a privilegiar la sincronía del trabajo conjunto antes que la lucha despiadada por llegar primero, renunciando voluntariamente al vanidoso esfuerzo que significa querer ganar cada carrera, aquí me propongo alertarte sobre la necia actitud de arriesgar a veces las cosas más importantes cuidando las menos valiosas, olvidando que éstas sólo sirven para tratar de obtener o conservar aquellas.

Trabajamos desmedidamente para que a nuestras familias no les falte nada y les hacemos faltar de lo que más necesitan, un padre o una madre o su pareja. Confundimos el medio con el fin, el disfrutar con el poseer, el temor con el respeto, la fama con la gloria, la popularidad con la trascendencia y la sumisión con el amor.

Un viejo poema que circula por ahí nos dice que cada cosa, cada actitud, cada acción es un riesgo que uno corre. Reír es un riesgo, llorar es un riesgo, hacer cosas nuevas es un riesgo, hacer cosas diferentes es un riesgo, amar es un riesgo, conocer gente es un riesgo, comer las cosas que más le gustan a uno es un riesgo y viajar en avión también lo es (por no hablar de los riesgos más autóctonos y actuales que corremos diariamente por vivir en nuestras ciudades o aquellos referidos a la violencia creciente de nuestro planeta). Pero el poema también nos dice que el mayor de todos los peligros es querer vivir una vida sin correr ningún riesgo.

Cuentan que había una vez un hombre que trabajaba en un pequeño pueblo del interior de un lejano país. Había conseguido ese trabajo, un puesto muy codiciado, a pesar de que él vivía en una aldea vecina, al otro lado del monte. Cada día, el hombre se despertaba en su pequeña casa en la que vivía solo, preparaba sus cosas y salía al sendero para caminar durante tres horas antes de llegar a su trabajo. No había otra manera de viajar que no fuera andando a través del monte. El ritual se repetía al anochecer en dirección contraria, hasta que el trabajador llegaba a su casa rendido y apenas tenía tiempo para cocinarse alguna cosa y dormir hasta la madrugada del día siguiente.

Así durante cuarenta años…

Una mañana, al llegar al pueblo, casi sin haberlo pensado, se acerca a su jefe para decirle que va a dejar el trabajo. Le dice que ya no está en edad de hacer semejante caminata, dos veces al día, que lo ha hecho durante cuarenta años y que ya no quiere hacerlo más.

El otro hombre, mucho más joven que él, le pregunta con genuina sorpresa por qué en estos cuarenta años no se ha mudado de pueblo.

El trabajador baja la cabeza y contesta:

—Lo pensé. Pero como no sabía si el trabajo iba a durar… no quise correr riesgos...

El siguiente paso de nuestro camino es, pues, animarnos a correr algunos riesgos. Y sobre todo es evaluar los riesgos que corremos. No es sensato que pienses que te estoy proponiendo que te animes a saltar del décimo piso a la calle, ni te estoy animando a jugarte el dinero a las patas de un caballo, ni te estoy sugiriendo que tengas relaciones sexuales sin cuidado, ni que explores cómo se siente uno al consumir drogas…

Dije y digo que hay mucho por aprender y muchos de quienes aprender.

Digo hoy que ciertamente siempre podemos aprender algo de cualquiera.

Digo hoy que no debemos pretender aprender todo de alguien.

Digo hoy, aunque suene antipático, que hay algunas cosas que es mejor no aprender.

Te estoy proponiendo que corras riesgos evaluados y que descartes aquellas actitudes y conductas cuya consecuencia posible no alcance a justificar el riesgo que has corrido o cuyo máximo beneficio no compense el daño al cual te expones.

Hace un par de meses, mientras cenábamos en el Siete Puer-
tas de Barcelona con mis amigos Miguel y Oriol, hablábamos
de proyectos editoriales. Miguel nos contaba de un riesgo empresarial bastante grande que evaluaba encarar. Fue entonces
cuando nuestro amigo catalán dijo esta frase que comparto
contigo para cerrar este capítulo:

> Es arriesgado lanzarse a la piscina
> sin saber si hay agua...
> y a veces hay que hacerlo.
> Pero es siempre una tontería absurda tirarse
> sin saber siquiera si hay piscina...

Paso 16

Aprende a negociar lo imprescindible

Así como algunos vocablos caen en desuso y quedan en boca de algunos que los seguimos usando denunciando así nuestra edad o nuestro origen, existen palabras que se convierten en populares y se utilizan para definirlo todo, explicarlo todo y solucionarlo todo. A este grupo pertenece la palabra «negociación». Haciendo gala de una injusta y exagerada popularidad el verbo «negociar» se confunde, se implica y se sobrevalúa, desplazando a sus antecesores, a veces más pertinentes.

Demasiadas veces se llama negociar a dialogar, a someterse, a resignar, a exigir, a ceder, a debatir, a delegar o a dividir responsabilidades, a imponer condiciones, a promediar insatisfacciones, o a la simple búsqueda de un acuerdo.

Aprender a negociar es útil, por supuesto, sobre todo en el área de los negocios. Es allí donde la mutua conveniencia puede significar la pérdida de algunos beneficios a cambio de una actitud reflejada del otro, que también está allí para crear SU negocio. Sin embargo, querer extender este razonamiento a todos los casos me parece un peligroso error, cuando no una sutil inducción a una manera poco ética de razonar los vínculos.

En las relaciones no comerciales hay poco que negociar. No creo en esas parejas que parten de la idea de sacrificar lo que más les gusta por complacer al otro, a cambio de que éste admita privarse de lo que más le gusta. No creo que la medida de las relaciones interhumanas sea lo que soy capaz de ceder, si no lo que somos capaces de compartir.

No termina de gustarme el enunciado casi mercantilista pero universalmente aceptado de «hoy por ti y mañana por mí». Primero, porque me gustaría más que pudiera ser hoy por ti, mañana también y pasado otra vez por ti (¿por qué no?). Segundo, porque lo que te doy no puede ser negociado (en la base de la verdadera ayuda está la gratuidad de lo que doy). Y tercero porque incluso si alguno de los dos decide ceder generosa y desinteresadamente algo de lo que tiene, voto para que su educación le haya enseñado a diferenciarlo de sus inversiones comerciales, y que sepa que su recompensa ya se está dando. Nadie debe compensarme por aquello que doy con el corazón, mi recompensa es poder darte y nada hay para negociar, ni en el cielo ni en la tierra.

Esto que escribo toma un aire dramático cuando, en el consultorio de los terapeutas, o en los dormitorios de las casas o en los grupos de amigos reunidos alrededor de una mesa, las parejas hablan de negociar maneras de ser y de actuar. Estrategias para ceder artificialmente a cambio de un gesto equivalente del otro. Dejar de ser el que soy como argumento para forzar a alguien a que renuncie a ser el que es. ¡Es horroroso!

El paso que propongo consiste en aprender a «negociar» solamente en los negocios, en los litigios, en los conflictos. En la política, si no podemos encontrar un acuerdo, y en la guerra sólo para acercar el camino hacia la paz.

En los demás casos, y especialmente en nuestras relaciones amorosas y significativas, sería mejor cambiar de verbo para evitar confusiones. En la amistad, en la familia y en la pareja me gustan mucho más los acuerdos que las negociaciones, y prefiero siempre las renuncias a los sacrificios. Me gusta ayudar a mis pacientes a que se den cuenta de lo que tienen ganas de hacer para resolver su desencuentro, pero no admito las frases miserablemente especulativas que se enuncian desde el «yo haré esto si tú haces esto otro...».

A pesar de todo, prefiero la negociación antes que la imposición del criterio de uno sobre otros. Prefiero la negociación a la violencia, a la mentira o al engaño. La prefiero antes que la manipulación o la fuerza bruta.

Y cuando negociar sea el único o el mejor camino habrá que tener en cuenta, de todas formas, algunas cosas. Habrá que saber si podemos confiar en aquellos con los que negociamos, habrá que ofrecer lo que podemos conceder y no pedir lo que sabemos que no pueden darnos. Es necesario ser conscientes de que sólo es posible o razonable ceder hasta donde nuestra realidad interna o externa nos lo permite, y que el otro está en la misma situación.

Por salvar al hijo del zar, que se ahogaba en el río, tres campesinos fueron recibidos en palacio, donde el monarca les invitó a elegir su recompensa. El primero pidió la mano de la princesa, el segundo solicitó poder absoluto sobre su condado y el tercero, después de un silencio, pidió solamente una bolsa de monedas. Los otros dos lo acusaron de estúpido y de no saber aprovechar una oportunidad única. El tercer hombre les dijo:

—Si es intención del zar darnos algo, cosa que dudo, yo quiero estar seguro de pedir aquello que puede ser que me conceda...

Tienes razón si estás pensando que hay algunas situaciones en las que «la posibilidad» de un acuerdo «no es posible». ¿Qué hacer entonces?

La respuesta es tan obvia como importante: habrá que aprender a negociar el desacuerdo, aun cuando esto signifique, como decía más arriba, una lisa y llana renuncia a algunas de mis pretensiones, sin resentimientos ni esperando la revancha. La simple pero difícil aceptación de la realidad tal como viene...

aunque sólo sea para usarla como punto de partida de la lucha por una realidad diferente.

Presta atención a esta historia.

Cuentan que, hace muchísimos años, en un pequeño pueblo de Inglaterra, sucedió algo que cambiaría para siempre la vida del joven Mortimer y la de sus dos amigos.

Una mañana, cuando iba de camino a la escuela, el jovencito divisó a un lado del bosque un enorme nogal cargado de nueces. Sorprendido, porque nunca lo había visto, se acercó sigilosamente hasta el alambrado y evaluó de un vistazo las posibilidades de robar alguno de esos frutos sin ser atrapado. Rápidamente se dio cuenta de que no era un trabajo para hacer en solitario; necesitaría ayuda si esa noche quería comer nueces con su pudín. Al llegar a la escuela, contó a sus futuros cómplices lo que había visto, y decidieron dar el golpe esa misma tarde, cuando salieran de clase. Así fue. Mientras Mortimer vigilaba el sendero para evitar ser atrapados, uno de sus amigos hacía de pilón para que el más ágil y pequeño de los tres trepara por el tronco e hiciera caer las nueces.

Apenas Mortimer vio que se acercaba un carro, dio la alarma y los otros recogieron las nueces caídas y salieron corriendo para encontrarse con Mortimer en el bosque.

Allí, jadeando y riendo, los ladronzuelos vaciaron los bolsillos y miraron con satisfacción el pequeño montoncito de nueces conseguidas.

—Hay que repartirlas —dijo uno.

—Sí —dijo otro.

—¿Cuántas son? —preguntó el tercero.

Y contaron… 1… 2… 3…

Eran 17.

Los tres se miraron mientras multiplicaban buscando alternativas en la tabla del 3…

3 x 4, 12... 3 x 5, 15... 3 x 6... ¡18!

Finalmente, Mortimer tomó la palabra.

—Ya que yo soy el que dio la información, creo evidente el reparto que hay que hacer: 5 para cada uno y las restantes dos para mí.

—En todo caso —dijo el que había trepado—, una para ti y otra para mí, porque si yo no hubiera subido...

—Un momento —interrumpió el tercero—, que si yo no te hubiera sostenido nunca habrías podido coger ni una sola nuez. Así que...

Como no pudieron llegar a un acuerdo, decidieron preguntarle al viejo sabio que vivía en el claro del bosque. Él los ayudaría. Lo encontraron en su cabaña y le explicaron el problema del reparto. El viejo escuchó y preguntó:

—¿Y queréis que reparta las nueces por vosotros?

—Sí —dijeron los tres.

—¿Y cómo queréis que lo haga? —preguntó el anciano—. ¿Un reparto natural o como a mí me parezca...?

—No. Como a ti te parezca no. Queremos un reparto natural, lo más natural que puedas... —dijeron los tres casi a coro.

El viejo contó las nueces y luego las fue repartiendo. Le dio al que había hecho de sostén 11 nueces. Al que había trepado le dio 4 y a Mortimer sólo 2.

—¿Qué es esto? —preguntaron todos, descontentos por igual—. Te dijimos naturalmente, no como tú quisieras...

—Si yo lo hubiese hecho como yo quería, hubiese sido más equitativo. Hubiera puesto en manos de cada uno cinco nueces, hubiera abierto las restantes dos, hubiera agregado a vuestra posesión media nuez más para cada uno y me hubiera comido la última mitad en pago de mi participación, para no favorecer a ninguno de los tres. Pero vosotros me pedisteis que fuera un reparto natural. Pues bien, la naturaleza es así, a unos les da mucho, a otros algo menos y a algunos no les concede casi nada.

La realidad de la vida no siempre es equitativa, y es más, la mayoría de las veces es bastante injusta. Pero este concepto no debería desmoralizarnos, ni mucho menos ser utilizado como argumento para otras injusticias más «humanas». Por el contrario, debería reafirmarnos en el compromiso vital de cada persona con su entorno. El hombre, gregario por naturaleza, debe actuar, legislar y gobernar teniendo presente la negociación interna entre su pretensión y la realidad, entre sus intereses y los de otros. Esto es casi una obviedad, pero la tarea más importante es otra y mucho más difícil: consiste en la ciclópea tarea de intentar acomodar las distorsiones que plantea el desigual reparto de recursos y posibilidades que el azar distribuye entre las personas. Consiste en luchar por igual por nuestra felicidad y por la de todos.

Paso 17

Iguala sin competir

Con una regularidad inesperada, siento que me despierto muchas mañanas navegando con dolor en los mares del odio del mundo. Sin terminar de despertarme del todo, últimamente me inquieta comprobar que, viendo las páginas de las noticias, necesito leer el epígrafe de las fotografías para saber si pertenecen a nuestro país, a un pueblo vecino o a hermanos de países más lejanos.

Y lo peor es que, desde hace algunos años, frecuentemente compruebo con espanto que esas imágenes son de aquí. De aquí mismo. La barbarie, el daño, la crueldad o la simple injusticia de una muerte absurda han ocurrido a cinco, a diez o a cuarenta minutos de nuestra casa. La víctima es muchas veces alguien como tú o como yo, alguno de los que, con o sin conciencia, nos encontramos cautivos de un mundo cada vez más violento.

Es triste darse cuenta de que unos y otros, víctimas y victimarios, agresores y represores, opositores y oficialistas, tienen algo de razón en su discurso; y no nos sirve de consuelo reconocer que hemos llevado en nuestra voz algunas de las ideas que hoy se enarbolan para justificar lo injustificable.

Pero es más triste todavía ver que, de alguna manera, estamos todos amenazados por alguno de los fantasmas que asolan las sociedades a punto de destruirse: la resignación, el miedo y el deseo de venganza.

En este recorrido que nos hemos propuesto en dirección al desarrollo de cada persona, el próximo paso será necesariamente el de ayudar a que se dé el cambio que la sociedad necesita, y esto empieza por fuerza hermanándonos con aquellos a quienes la vida castiga hoy más duramente. Hablo, como diría Lima Quintana, de ayudar a los que quedaron rezagados. Y no se trata de encontrar la manera de que nadie tenga paz y entonces obtengamos el consuelo del mal de muchos, sino que estamos en camino y que nuestra lucha es para igualar hacia arriba y no hacia abajo.

En la consulta, un terapeuta confirma con regular asiduidad que ese intento un tanto miserable de igualar en la desgracia a los que disfrutan de un mejor pasar está muy lejos de estar reservado a la lucha de clases o a los que se sienten víctimas de grandes injusticias.

Ella, una atractiva mujer cercana a los cuarenta, se cuestionaba en su terapia la decisión de divorciarse que había tomado casi intempestivamente un año antes. Sin embargo, lo que decía no parecía la expresión del dolor de quien ha perdido o se le ha roto su pareja. A ella le irritaba hasta la exasperación el hecho de que su «EX», como ella lo llamaba, a los seis meses ya «había encontrado otra» y, según sus propias palabras, «se lo estaba pasando demasiado bien». Con este último justificante ella se ocupaba, cada día, premeditada y alevosamente de molestarlo un poco, con sus reclamos, reproches o exigencias, absolutamente impertinentes.

—No puede ser que esté disfrutando de la vida «de lo más campante»... —me decía—, es injusto. Que sufra un poco, como sufro yo.

Podríamos interpretar esta conducta como un intento de llamar la atención de su antiguo marido tanto como podríamos interpretar la conducta extrema de algunos grupos de violentos en la misma línea, pero eso no evitaría, creo, la creciente sensación de intimidación y violencia en la que vivimos los habitantes de nuestro amenazado planeta.

No es necesario poner más acento en detallar los efectos devastadores que esta inquietud, transformada en estrés crónico, tiene sobre nuestra existencia, psíquica, física y espiritualmente. Los efectos del estrés son muy conocidos en los tiempos que corren, tanto en nuestro desempeño laboral como en nuestra vida afectiva, y los profesionales de la salud conocemos demasiado bien los mecanismos de deterioro de la calidad de vida y la amenaza a nuestro pronóstico real de años de vida.

Sabemos y hemos confirmado que la primera respuesta de nuestra sociedad, la de aumentar la respuesta represiva para volverla una amenaza a los actos de los violentos, no ha dado resultados satisfactorios, y aseguro que no los dará a largo plazo. La ayuda que la corrección de las leyes puede aportar es indispensable, pero no suficiente. La actitud de ignorar a los antisociales, en la supuesta esperanza de que, al verse excluidos, modifiquen su actitud, parece ingenua y peligrosa para nuestra integridad. Nos encontramos, pues, en lo que parece ser un callejón sin salida.

A veces, cuando la seriedad del pensamiento academicista no alcanza, el humor viene en nuestra ayuda. Decía el genial humorista Landrú en un epígrafe de la famosa y tristemente desaparecida revista argentina *Tía Vicenta*:

«Cuando esté en un callejón sin salida, no sea tonto, salga por donde entró.»

Si la idea planteada de la génesis del problema, a partir de un desvío de la transmisión cultural, tiene algo de verdad, parece obvio que el camino de la solución deberá empezar centrándose en la educación que les damos a nuestros hijos.

Y como casi todas las cosas, en educación, cuanto antes mejor.

No me refiero sólo a la educación formal de la escuela primaria, me refiero a todos los niveles educativos. Hablo de la responsabilidad de los padres, de los docentes y profesores de todos los niveles de la educación, de los empresarios, de los artistas y de los dirigentes. Hablo de trabajar juntos para atacar los condicionamientos de las pautas de éxito comparativo que condicionan nuestra conducta desde el mercado laboral, social, familiar y espiritual. Hablo de la escuela, del periodismo, de la familia, de la pareja, de la televisión y del arte. Hablo de terminar de una vez y para siempre con la idea de la «sana competencia», acomodaticia y falsa justificación de esta distorsión de nuestra sociedad. De hecho, me gustaría dejar por escrito mi posición, por cierto, comprensiblemente discutible. Para mí no existe la «sana» competencia; he aprendido que no es imprescindible y que, difícilmente, se obtenga algo saludable de tal sanidad.

En todo caso, y si debemos aceptar que existe en nosotros una tendencia innata a la comparación con otros, dejemos esos aspectos limitados al deporte. Solamente en ese campo la competencia puede transformarse en un juego liberador de comparación de habilidades y recursos. Sólo a través del deporte se podría sublimar este aspecto nefasto. Una digresión momentánea que nos permita volver a nuestro mundo cotidiano sin necesidad de demostrar que soy capaz de conducir más rápido que nadie por la avenida costanera después del estúpido triunfo que para algunos es haber bebido más que ninguno.

Los ancianos del Consejo de un antiguo pueblo llegaron hasta la choza de un viejo maestro. Venían a consultar al sabio sobre un problema del pueblo.

Desde hacía muchos años, y pese a todos los esfuerzos del Consejo, los habitantes habían empezado a hacerse daño. Se robaban unos a otros, se lastimaban entre sí, se odiaban y educaban a sus hijos para que el odio continuara.

—Siempre hubo algunos que se apartaban del camino —dijeron los consejeros—, pero hace unos diez años comenzó a agravarse, y desde entonces ha empeorado mes a mes.

—¿Qué pasó hace diez años? —preguntó el maestro.

—Nada significativo —respondieron los del Consejo—. Por lo menos nada malo. Hace diez años terminamos de construir entre todos el puente sobre el río. Pero eso sólo trajo bienestar y progreso al pueblo.

—No hay nada de malo en el bienestar —dijo el sabio—, pero sí lo hay en comparar mi bienestar con el del vecino. No hay nada de malo en el progreso, pero sí en querer ser el que más ha progresado. No hay nada de malo en las cosas buenas para todos, pero sí en competir por ellas. La solución es un cambio de sílaba...

—¿Cambio de sílaba? —preguntaron los del Consejo.

—Debéis enseñar a cada uno de los habitantes del pueblo que si a la palabra competir le cambian la sílaba central PE por la más que significativa sílaba PAR, se crea una nueva palabra: com-PAR-tir... Cuando todos hayan aprendido el significado de compartir, la competencia no tendrá sentido y, sin ella, el odio y el deseo de dañar a otros quedará sepultado para siempre.

Tú ya sabes que, equivocado o no, yo reniego de los méritos que se le atribuyen a la competencia salvaje por ser el mejor, y que incluso en el área deportiva me fastidian las consecuencias de las pasiones fanáticas que algunas veces consiguen trasladar la noticia de un partido de fútbol, de las páginas deportivas, a las crónicas policiales. Sin embargo, puedo reconocer que es imposible convivir en nuestra sociedad desconociendo que cierto grado de competitividad es inherente al desempeño profesional, social y familiar.

La lingüística nos ayuda a salvar tal incongruencia cuando nos permite diferenciar el significado de la competencia en el sentido de la rivalidad y de la batalla entre varios por ser los mejores, y la competencia en el sentido de volverse competente en lo que cada uno hace.

En este último sentido podemos hablar de sana competencia. El deseo que, en última instancia, nos llevará, si necesitamos poner un punto de referencia, a ocuparnos, en el mejor de los casos, de mejorar el promedio.

Y, de hecho, en un sentido pragmático, la mayor parte de las veces el éxito en los resultados no nos pide ser los mejores, sino actuar más adecuadamente, más eficazmente o más sabiamente que la mayoría.

Para recorrer este camino de crecimiento (sin rivalidades, sin enfrentamientos, sin la idea del gana/pierde) no es necesario vivir controlando lo que otros hacen o pueden hacer. Para esto siempre, repito, siempre son necesarios el trabajo, la disciplina y el esmero que se mide por el tiempo que dediquemos a mejorar nuestro potencial; la medida en que nos ocupamos de crecer, explorar, intuir, entrenar y, a partir de ello, aprender a aprender, como dicen los maestros de Oriente.

Déjame que te cuente una graciosa historia que nos obliga a reflexionar sobre nuestro tercer paso de esta segunda etapa.

Dicen que una vez, en algún lugar de África, un explorador fue capturado por un grupo de soldados mercenarios que, después de desarmarlo, decidieron llevarlo ante el comandante para que éste decidiera su suerte. El extranjero había intentado resistirse, pero el jefe del grupo le había advertido que los acompañara sin forcejeos o le matarían allí mismo.

Rodeado de diez hombres armados, fue forzado a caminar hacia el campamento a través de un extenso llano que empezaba donde desaparecía la selva. Uno de los hombres caminaba unos veinte metros delante del resto señalando el camino.

De pronto, el guía gira sobre sus pasos y corre hacia la selva.

—¡Huyamos! —les grita—. ¡Un leopardo nos ha olido y viene hacia aquí!

La mayoría de los soldados, que conocen la velocidad y agilidad del leopardo, tiran lo que llevan en mano y empiezan a correr. El explorador, ya sin el control ni amenaza de sus captores, se sienta en el suelo, saca de su mochila un par de zapatillas y empieza a sacarse las botas para cambiarse de calzado. El jefe de los soldados lo mira mientras empieza a escapar y le grita:

—¡Qué idiota eres! Pierdes unos segundos de oro. El leopardo corre a 200 km/h. ¿Qué importancia tiene si corres con zapatillas o con botas?

El explorador acabó de calzarse las zapatillas y empezó a correr mientras le gritaba al mercenario:

—Yo no necesito correr más rápido que el leopardo. Para salvarme de sus dientes, lo único que necesito es correr más rápido que algunos de vosotros… y para eso necesito ponerme las zapatillas.

El paso que propongo consiste en ser capaces de aumentar nuestra idoneidad y volvernos más y más competentes pero menos competitivos. No hemos de confundir el saludable hecho de intentar ser la mejor persona que podemos ser con la gozosa vanidad de acariciarse el ego por haberlos derrotado a todos.

Paso 18

No temas al fracaso

Aprender a negociar es, como dijimos, aprender a renunciar a un pedacito de lo que deseamos. Para muchos de nosotros esto es equivalente a un fracaso y, para casi todos, esta palabra equivale a una gran catástrofe personal. Tanto, que solemos enfadarnos, maltratarnos y agredirnos cada vez que algo no sale como queríamos, como si no tuviéramos en cuenta que la frustración es el comienzo del aprendizaje.

El desarrollo personal, que como venimos diciendo es el logro más importante de nuestra vida, representa a la vez meta y desafío, y es condición para la propia realización, así como estación forzosa para descubrir nuestra capacidad de ayudar a otros.

Pero a este crecimiento interno, tal como lo concibo, no se puede acceder más que a través de la experiencia cotidiana de vivir y de equivocarse. Aprender es la cosecha de recrear lo vivido, mucho más que un mero ejercicio intelectual.

De hecho, desde lo pedagógico, sólo se puede aprender desde el error. Si haces algo bien desde la primera vez, puede ser que halagues tu vanidad, pero no aprendiste nada. Ya lo sabías. Si está en juego tu vanidosa lucha por el éxito, tus alegrías provendrán solamente del logro de lo perfecto. Si lo más importante está en el aprendizaje y con él el crecimiento, entonces equivocarse será una parte importante y deseable del proceso.

Aunque nos equivoquemos, es constructivo haber hecho lo hecho. Al menos alguna cosa habremos aprendido de este fallo. Tal vez aprendimos que ésta no era la manera; tal vez que éste no era el momento; tal vez que ésa no era la persona o quizá, ¿quién sabe?..., que hacer eso no era tan sencillo.

Mis primeros años en la profesión fueron duros y llenos de todo tipo de necesidades, como para la mayoría de mis compañeros de promoción. Los más cautos supieron esperar su momento, los más inteligentes encontraron más rápidamente su rumbo, los más afortunados se cruzaron con una oportunidad que los llevó a su desarrollo definitivo. La mayoría buscamos durante años la probabilidad de insertarnos holgadamente en nuestro futuro. Yo, que hacía cuarenta y ocho horas de guardia psiquiátrica en una clínica privada y asistía al servicio de psicopatología del hospital Pirovano, sacaba tiempo para algunas actividades adicionales. En paralelo con mi profesión de médico, fui almacenista, taxista, vendedor de libros, agente de seguros y protagonista de alguna que otra pequeña aventura económica (como fabricar bolsos deportivos o comprar coches de ocasión para revenderlos).

Un día conocí en la clínica a un hombre que venía a entregar un material desechable que se necesitaba en la enfermería. Mientras tomábamos un café a la espera de la secretaria administrativa que le daría su cheque, me habló de un proyecto en el que estaba embarcado. Estaba estableciendo contactos con una empresa alemana para la importación de unas cánulas de perfusión, que eran una gran novedad. Dado que no había abastecimiento en el país, el negocio podía ser muy próspero con poca inversión si uno tenía, como él, todos los contactos. De hecho, estaba a la espera de una nota del exterior nombrándolo representante para Argentina y Latinoamérica.

Mientras hablaba, yo me preguntaba qué posibilidades habría de que me permitiera participar, aunque fuera minoritariamente, de la importación. Me pareció una buena idea invitarlo a mi casa a cenar y hablar un poco del negocio con tranquilidad.

Ese viernes nos reunimos sobre las ocho para comer unos tallarines que mi esposa había cocinado. En los postres, mientras el invitado me daba los detalles, Perla me llamó a la cocina para que le ayudara a traer el café y unos trozos de pastel.

—No hagas negocios con este tipo —me dijo al pasar.

—¿Por qué? —pregunté—. ¿Qué ha pasado?

—Nada —me dijo—, pero no me gusta.

—¿Qué le has visto? —indagué—. A mí me parece un tipo fantástico.

—No le he visto nada… pero no sé…, no me gusta —insistió, arrugando el ceño como quien huele a podrido.

—No, mi amor —me quejé—. Dame una razón.

—No sé —insistió… Y después de una pausa me dijo—: No me gusta su corbata.

Yo le dije que era ridículo descartar una oportunidad de ganar dinero sólo porque a ella no le gustaba la corbata de quien podía ser nuestro socio.

No vale la pena ahondar en detalles. Finalmente Perla aceptó lo ilógico de su sospecha y nos metimos en el negocio con una gran parte de nuestros pocos ahorros.

Ya te imaginas el final. La importación, si era cierta, nunca llegó y el señor desapareció del mapa llevándose todo lo que algunos habíamos aportado, dejando tras de sí un montón de papeles inútiles que quedaron como recuerdo de una pequeña y costosa estupidez.

No quiero hablar aquí de mi poco tino, ni de mi poca habilidad para los negocios que acepto y reconozco desde entonces, sino de la importancia de un factor que solemos despreciar: la intuición. A todos nos pasa que, a punto de hacer algo, sentimos que se nos enciende una luz roja o tenemos un inquietante temblor inexplicable. He aprendido que la intuición funciona como la suma de lo que percibimos sin poder expresar en palabras. Vemos sin saber cómo ni porqué algo que nuestra razón no comprende.

En lo personal, yo aprendí con los años que esta capacidad, la intuitiva, no puede ni debe reemplazar a nuestro intelecto ni a nuestra experiencia, pero puede sernos de gran ayuda. El pequeño episodio relatado me ha servido de mucho. Nunca cierro un trato con nadie sin invitarlo a comer a mi casa. Al formalizar la invitación, siempre aclaro que es imprescindible venir con corbata...

Nuestro temor a equivocarnos es el resultado de nuestra educación. Desde la niñez, nos han dicho que debemos intentar no cometer errores. Y ésta es una de las enseñanzas más importantes en todas las sociedades del mundo, la más condicionante de las pautas de nuestra cultura y el más dañino de todos los mandatos.

Hoy es casi tarde, pero si hubieras venido a verme cuando tenías cinco años, hubiera sido fácil transformarte en un superdotado. Hubiera bastado con establecer un sistema de premios, donde se te recompensara por cada error que fueras capaz de inventar y cometer.

Como es evidente que sólo se aprende de los errores, te volverías en poco tiempo un niño genial. Es cierto que yo no me hubiera animado, pero de todas maneras, no perdimos nada porque tus padres tampoco te hubieran permitido seguir en ese sistema educativo.

Nuestra cultura se distancia mucho de este camino, aunque sostenga que persigue ese fin. Sobrecargamos a los niños con más y más exigencias de acertar y, por eso, lógicamente los condicionamos para creer que necesitan siempre a alguien, más poderoso o más autorizado, que les diga qué es lo adecuado y lo inadecuado de sus creencias. Queremos padres que nos enseñen qué está bien, para protegernos de todo mal; queremos leyes duras que decidan qué debemos hacer y quiénes deberíamos ser, y que castiguen con crueldad a los que no estén de acuerdo; queremos gobernantes celadores que nos carguen de mandatos, razones y amenazas, para que la sociedad no cometa más errores y no tengamos más sorpresas ni sobresaltos. De alguna manera, actuamos como si no quisiéramos crecer; como si nos gustara seguir siendo niños, deseando que algún otro se ocupe de todo; alguien que, desde arriba, en el sentido político, geográfico o divino, nos obligue a todos a hacer «lo correcto» y nos proteja de la soledad, del abandono, del dolor y del desprecio de los que no nos permiten equivocarnos. De muchas formas, estamos entrenados para evitar el error, y sólo haciéndolo y esperando lo mismo de los demás nos sentimos seguros.

Te propongo una vez más que nos riamos juntos de ti y de mí, de todas las veces que actuamos como el protagonista de esa historia.

Un hombre invita a una amiga a ver una película de aventuras. En la puerta del cine le cuenta que él ya la ha visto y que le gustó tanto que ha decidido volver.

A la mitad de la película, él le dice:

—Qué te apuestas a que cuando llegue al piso, no entra.

—Pero si ya has visto la película… —lo increpa la joven.

—Sí. Qué te apuestas a que no entra en el piso…

La chica no contesta, pero en la película el protagonista entra en su piso y es golpeado salvajemente por los que lo estaban esperando.

El hombre mira a la mujer, que lo contempla sobresaltada y le explica:

—Es que pensé que después de la paliza que le dieron ayer hoy no iba a entrar…

Paso 19

Vuelve a empezar

Si en el capítulo anterior intentamos rescatar el valor de equivocarse, como parte del proceso de aprender del error, en éste intentaremos jerarquizar la perseverancia y el coraje de aquellos que se animan a volver a empezar. Después de todo, de eso se trata el mecanismo profundo de llegar al lugar deseado, por materialista, mundano, importante o celestial que sea ese lugar.

En el camino de nuestra vida, una y cien veces llegamos a puntos muertos, lugares sin retorno, situaciones a las cuales nos ha conducido un error tan importante que ni siquiera tiene corrección. En esos momentos cabe recordar este paso. La decisión de volver a empezar.

Hace miles de años, Heráclito lo dijo en una sola frase que representa la inapelable verdad de lo obvio: «Nadie se baña dos veces en el mismo río».

Comenzar «de nuevo» y no otra vez, rescatando de nuestro recorrido anterior el registro de lo aprendido al equivocarnos, para intentar encontrar los nuevos errores de este nuevo trayecto.

Este paso se llama «Volver a empezar», pero no en el sentido de hacer lo mismo otra vez, sino en el sentido del retorno, del retroceso, de caminar hacia atrás hasta el lugar donde erré el rumbo o al lugar desde el cual no hay camino.

Volver a un lugar en el que ya estuve, sabiendo que la situación ya no será la misma y el espacio será diferente.

Volver con la conciencia de que, aunque todo haya cambiado, yo seré el mismo y, paradójicamente, con la certeza de que en realidad ni siquiera yo seré exactamente el que era...

Hace diez años tuve el privilegio de asistir al congreso de «Comunicación y cambio» que se convocó en Roma. Era la segunda vez que yo pisaba Europa y mi fantasía era, después de finalizado el congreso, aprovechar para conocer Taormina.

Nada que pueda ser dicho en palabras puede describir esa bellísima ciudad de Sicilia.

Los paisajes, la gente, la ciudadela amurallada en lo alto, con calles tan estrechas que no permiten la entrada de automóviles, la vista del Mediterráneo y, por supuesto, el Etna; el volcán que, humeando constantemente, recuerda que está dormido, pero vivo.

Después de caminar un día por la ciudad, uno comprende algunas palabras del genial Luigi Pirandello y de la novela *Te acordarás de Taormina* de Silvina Bullrich*.

Recordaré por muchos motivos este viaje, pero sobre todo por una pequeña conversación que mantuve con Giovanni.

Este siciliano era un atlético hombre de unos treinta y ocho años que atendía un pequeño bar en Nicolosi, el pueblo que está enclavado en la ladera este del volcán. El Etna tiene dos laderas, una empinada y otra llana: la primera por donde el volcán derrama lava cuando entra en erupción y la otra más segura donde la lava nunca llega. Nicolosi, el pueblo de Giovanni, no está en la ladera segura, está levantado ocho kilómetros bajo el cráter, en la ladera peligrosa del Etna.

El pueblo tiene calles de lava y fue reconstruido siete ve-

---

* Silvina Bullrich, *Te acordarás de Taormina*, Emecé, Buenos Aires 1975.

ces, una después de cada erupción del Etna, siempre en el mismo lugar.

—¿Por qué reconstruyen este pueblo aquí, una y otra vez? —pregunté adivinando la respuesta.

—Mire... mire —me dijo Giovanni, apuntando su huesudo dedo al Mediterráneo—, mire el mar y la playa, y mire la montaña, y la ciudad... Éste es el más bello lugar del mundo... Mi abuelo siempre lo decía.

—Pero el volcán... —le dije— está activo... Puede volver a entrar en erupción en cualquier momento.

—Mire, *signore*, el Etna no es caprichoso ni traicionero, el volcán siempre nos avisa; jamás estalla de un día para otro —y como si fuera obvio, siguió—: cuando está por «lanzar» nos vamos.

—Pero ¿y las cosas?: los muebles, el televisor, la nevera, la ropa... —protesté—, no pueden llevárselo todo...

Giovanni me miró, respiró profundamente apelando a la paciencia que los sabios tienen con los ilustrados y me dijo:

—¡Qué importancia tienen esas cosas, *signore*!... Si nosotros seguimos con vida... todo lo demás se puede volver a hacer.

A finales de 2005 las fotografías de todos los diarios mostraban las espantosas imágenes de la lava barriendo una vez más Nicolosi.

No había víctimas, el pueblo había sido evacuado antes de que la erupción destruyera cada pared, cada árbol, cada balcón y cada flor.

Nunca más hablé con Giovanni, pero cerrando los ojos puedo adivinar que, pasado el peligro, Giovanni trepó la ladera con sus vecinos y, en pocas semanas, volvieron a reconstruir el pueblo, para empezar su historia, por octava vez.

Este paso debe servir para recordar que, por difícil que parezca, por dura que haya sido la experiencia, por costoso que haya resultado el error, es siempre posible volver a empezar.

Me contaron esta historia… Dicen que sucedió así.

La profesora entró en clase; esa tarde, con una sonrisa muy particular. Con sus idas y venidas, tenía con sus alumnos adolescentes una relación que entre todos habían logrado que fuese agradable. Los primeros meses habían sido duros y varios factores podrían haber hecho que no tuviera arreglo. Trabajar con adolescentes nunca era fácil. Menos aún con esos jóvenes que ya tenían antecedentes de haber conseguido que las dos profesoras de instrucción cívica anteriores a ella pidieran una baja transitoria. Menos aún cuando la suya era la última hora de clase del lunes, momento en el que todos los alumnos deseaban una sola cosa: ¡irse a casa!

Por eso, cuando les dijo que éste era un día muy especial para ella, no mentía.

—Hoy no vamos a hablar de leyes, ni de instituciones políticas. Hoy vamos a empezar un experimento, si me ayudáis.

Los jóvenes habían aprendido a querer y respetar a esa joven docente principiante, que se hizo cargo del curso admitiendo desde su primer día que estaba muerta de miedo.

—He traído estas cintas azules… Son simples trozos de cinta de raso, pero nosotros vamos a decidir que cada una lleva un mensaje oculto, algo que yo tengo para decirle hoy a cada uno.

Y dándole la espalda a la clase, escribió con tiza en la pizarra:

El mensaje es…
Eres importante para mí
Luego los miró a todos y siguió:

—Voy a pediros que salgáis al encerado y me dejéis que os ponga una cinta en el pecho a cada uno… Porque cada uno de vosotros ha sido, durante todo este año, y sigue siendo ahora, importante para mí.

Entre sorprendidos y divertidos, los jóvenes se miraron y el primero de la fila de la izquierda se puso en pie y pasó. La profesora le colocó una cinta sujetándola con un imperdible, y después de darle un beso en la mejilla, hizo un gesto para que pasara otro de sus alumnos.

Así toda la clase quedó galardonada con las cintas azules.

Todos se sentían emocionados y agradecidos.

—Gracias a todos por este año de trabajo… —siguió la profesora—. Pero ahora vamos a practicar el experimento. Voy a darle a cada uno tres cintas azules para que se las lleven. Quiero pediros que, cuando lleguéis a casa, os sentéis un momento a pensar quién, entre vuestras relaciones, es una persona importante para vosotros. Puede ser un amigo, una pareja, un familiar o cualquier persona, con la condición que no sea de esta escuela. Cuando decidáis quién es esa persona, quiero que os sentéis durante unos minutos frente a ella y le coloquéis una de las tres cintas en el pecho, como yo he hecho con vosotros. Animaos a decirle con sinceridad y sin tapujos por qué es importante su presencia en vuestras vidas. Después contadle el experimento y entregadle las otras dos cintas para que continúe con la experiencia…

Casi todos los alumnos salieron de clase muy emocionados. Casi todos pensaban en la continuidad de la tarea. Casi todos sintiendo que una de las personas a las cuales le hubieran dado su cinta era la profesora misma, si ella no hubiera excluido de la elección a las personas de la escuela.

Hacía tres años que Juan Manuel vivía en la ciudad y todas las personas que habían sido importantes en su vida se habían quedado en su pueblo natal. De hecho, sus únicos amigos eran sus compañeros de la escuela. Aparte de ellos, casi no tenía trato con nadie. Sus vecinos de habitación, como el resto de los que vivían en la pequeña pensión de las afueras, eran inmigrantes y apenas hablaban el idioma.

Al joven no le dolía tanto la conciencia de su soledad como la impresión de que, por su culpa, podía fracasar el experimento que la profesora les había propuesto.

Por la noche, mientras las luces de la calle le lastimaban los ojos metiéndose por las rendijas de las ventanas, Juan Manuel pensaba. Pocas horas después sonaría el despertador y él se levantaría para prepararse y salir justo a tiempo para coger el tren, el mismo que cada mañana lo llevaba hasta la estación central.

Y entonces se dio cuenta. Cada mañana, en la estación, el estudiante se encontraba en el andén con un joven ejecutivo que viajaba a la misma hora y bajaba una estación antes que él. Nunca habían tenido una conversación, pero habían aprendido a reconocerse y en los últimos meses la sonrisa mutua se había transformado en un «Hola, qué tal» o en un gesto cómplice que compartían, todos los días, semana tras semana, a la misma hora.

Juan Manuel se dio cuenta de que ese joven del que ni siquiera sabía el nombre era la primera persona con quien hablaba cada mañana. Se dio cuenta de qué diferentes serían sus mañanas si no se lo cruzara nunca más. Se dio cuenta de que, sólo por ese «Hola» o «Buenos días», ese encuentro era importante para él.

Por la mañana, muy temprano, fue a la estación a esperar a su compañero de viaje para entregarle su cinta azul y cederle la responsabilidad de continuar el experimento con las otras dos.

Esa mañana, a causa de la larga charla con el muchacho de la estación, el joven ejecutivo llegó tarde al trabajo. Y cuando su jefe, el Sr. García, lo regañó, quizá con demasiada dureza, se dio cuenta de que ese hombre temperamental, duro, obsesivo y gritón era importante para él. Había aprendido tanto del Sr. García... y nunca se lo había hecho saber. La cinta azul era una buena excusa.

El Sr. García no era lo que se dice un hombre sensible; sin embargo, después de una breve resistencia no pudo evitar agradecerle a su empleado que lo eligiera para darle su cinta.

—Ahora ha de terminar este trabajo, jefe —le dijo finalmente mientras le daba una cinta igual a la que había dejado en su pecho—. Tiene que elegir a una persona que sea importante para usted y darle esta cinta...

El joven ejecutivo se despidió hasta el día siguiente y el empresario no tuvo duda de a quién le pertenecía esa cinta. ¿Cuánto hacía que no le decía a su hijo Santiago cuánto lo quería, lo importante que era para él?

A diferencia de la mayoría de las noches, esta vez salió de la oficina a las siete y media, y condujo por la autopista embotellada hacia su casa.

Una hora después, al llegar, su esposa no podía creer tenerlo en la casa tan temprano.

—¿Te encuentras bien, querido? —preguntó preocupada.

—Sí —dijo el hombre—. ¿Dónde está Santiago?

—En su cuarto, como siempre... ¿Pasa algo?

Sin contestar, subió las escaleras hasta el piso superior y golpeó la puerta de la habitación de su hijo.

—¿Quién es? —preguntó el muchacho desde dentro.

—Soy yo..., papá. ¿Puedes abrirme?

—¿Qué he hecho ahora? —dijo Santiago mientras abría la puerta y se volvía a sentar frente a la ventana, sin quedarse a esperar la respuesta.

—Nada, hijo... No has hecho nada. Nada malo.

Entonces le contó lo del encuentro con su empleado, le explicó la experiencia de la profesora de escuela, y luego le puso la cinta en el pecho mientras le decía:

—Quiero que sepas que eres muy importante para mí.

Santiago se quedó paralizado, mirando al empresario a los ojos. Ni siquiera pudo contestar al abrazo que su padre le dio con inusual efusividad.

Y entonces se puso a llorar y empezó a decir:

—Perdóname, papá... Perdóname.

—No me pidas perdón, hijo. Soy yo el que debería pedirte que me disculpases mi ausencia de todos estos años.

—Es que yo no lo sabía, papá. Perdóname.

—¿De qué me hablas, hijo? ¿Qué sucede?

El joven abrió el pequeño cajón de su mesita de noche y sacó de allí un frasco de pastillas. Hablaba entrecortado, sin poder parar de llorar.

—Son barbitúricos, papá... Pensaba tomarlos y terminar con mi vida esta noche, porque creía que no le importaba a nadie.

El señor García sacó de su bolsillo un pañuelo, secó con él las lágrimas de su hijo y luego lo puso sobre la nariz del muchacho.

—Sopla —dijo el señor García.

Y ambos rieron juntos como hacía tiempo. De alguna manera nada sería lo mismo entre ellos. Todo empezaba otra vez, pero esta vez posiblemente para llegar a un lugar mejor.

Paso 20

No dudes del resultado final

Déjame imaginar que has leído cada uno de estos pasos y que has querido aceptar esta propuesta que te he hecho desde aquí de caminar hacia una mayor realización personal. Permíteme entonces que piense que te has ocupado de conocerte cada día un poco más, que has conquistado el espacio de su autonomía y que, después de entregarte al mejor amor del que seas capaz, has conseguido reírte de tus defectos. Como te permites escuchar activamente, aprendes con humildad, empiezas a ser más cordial y organizas tu tiempo respetando el ajeno; ahora que sabes cómo ofrecer de una forma más atractiva lo que eres y lo que haces, puedes elegir con más acierto a aquellos de quienes te rodeas.

Déjame que suponga que con este libro has podido ratificar o rectificar algunas cosas que sabías y que has actualizado, has puesto tu creatividad al servicio de tu mejor posesión, que eres tú mismo, y te has dado cuenta de que el mejor sentido de lo equitativo es intentar igualar hacia arriba, aprovechando cada día de tu vida. Por eso trabajas para terminar con tus adicciones condicionantes y tu apego a las cosas y a las personas, que corres riesgos evaluados y que negocias sólo cuando es necesario, sin ceder lo que no quieres y sacándole partido al fracaso.

Finalmente no temes volver a empezar, como dice Alejandro Lerner en su canción, o como lo sugiere Hamlet Lima Quintana en su poema *Sin fin*:

[...] Que cada uno cumpla con su propio destino,
elija su rumbo, reconozca sus pozos, riegue sus plantas,
y si cae en la cuenta de que ha errado el camino,
que desande lo andado y reconstruya la casa.

Ahora, después de haber andado y desandado, después de haber asistido a algunas catástrofes y derrumbes producto de algunos errores en el camino, después de decidirnos por la reconstrucción de la casa, nos queda solamente un paso para dar juntos, el último, el fundamental, quizás el más decisivo de esta propuesta.

Podríamos llamarlo de muchas maneras; yo prefiero enunciarlo como aprender a confiar en el resultado final.

Es indudable que aprender a confiar en nuestras habilidades, dones y posibilidades es un recurso de gran ayuda en el logro de cualquier tipo de objetivos.

No hablemos ya, de no creernos el menosprecio de otros, como hemos dicho al principio del libro, sino también, y sobre todo, de intentar rodearnos de mensajes de confianza del afuera, fortalecidos y motivados por la propia y renovada apuesta por nosotros mismos.

Quizá sea cierto que no todos pueden conseguir algún logro específico que se nos ocurra, pero a la vez es cierto que cualquiera puede lograr todo lo que pretende, si abandona la urgencia, si se persevera actuando congruentemente con el propio deseo, siempre y cuando el deseo sea auténticamente propio y no una necesidad de otros «plantado» en nuestro corazón.

Se suele decir que nuestras frustraciones suelen ser achacables a nuestra impaciencia más que a la falta de posibilidades concretas, y quizá sea cierto.

Cuando se le pregunta al Dalai Lama qué va a pasar con la parte de territorio tibetano que está bajo dominio extranjero, el gran maestro contesta: «Ellos saben que están haciendo algo que no es correcto. Tarde o temprano se darán cuenta de que esa tierra no es propia y la devolverán a su pueblo. Sabemos que eso puede tardar mil años, pero no tenemos prisa. Nos tranquiliza saber que ha de suceder...».

Sin embargo, somos occidentales y no podemos esperar siglos para que las cosas sucedan. Necesitamos intervenir, empujar, torcer, acomodar. Hemos de sentir que somos nosotros los ejecutores de la voluntad del cosmos, o por lo menos creer que, en parte, lo hemos sido. Y no me parece mal. Cada cosa que sucede en el mundo, para bien o para mal, contiene un porcentaje de aporte de nuestra parte. Una participación en ocasiones fundamental y en otras nimia, pero siempre presente. Cómo ignorar nuestra influencia en los sucesos que rodean a todas aquellas cosas que deseamos y pretendemos, con las cuales interactuamos siempre de forma directa o indirecta. Aceptar que cada cosa nos involucra es aprender a sumar en lo personal, lo familiar y lo social, el sueño con la actitud, el deseo con el proyecto, la necesidad con la acción, el merecimiento con el trabajo, la paciencia con la decisión de no perder nunca el rumbo, la perseverancia con la creatividad.

¿Te acuerdas de la historia del postulante número 94 que te conté en el capítulo 9? Aquí va un poco más de lo mismo...

El legendario Bob Hope contaba que, desde niño, su sueño siempre fue el cine. Ser un humorista reconocido y aplaudido en clubes de tercera categoría era importante, pero él soñaba cada semana con la «pantalla de plata».

Un día, alguien que confiaba mucho en él le consiguió un papelito en una película de la Warner Bros. Eran apenas dos frases en una aparición de 52 segundos de los cuales la mitad estaba de espaldas, pero para Bob era el cumplimiento de su más ambiciosa fantasía. Hacerlo le encantó. ¿Cómo conseguir que lo volvieran a llamar?

Hope esperó durante semanas el milagro de un nuevo contrato, pero no llegó. El cine era espectacular pero tenía que hacer algo para ganarse la vida; no podía quedarse esperando que su oportunidad llamara a su puerta; así que aceptó un trabajo como humorista de gira en centenares de bares a lo largo y ancho de Estados Unidos.

Tenía que conseguir que alguno de los directores de casting se fijara en sus virtudes, pero ¿cómo? De pronto tuvo una idea. En cada ciudad en la que trabajara, se acercaría al correo local y mandaría dos o tres cartas a la Warner. En todas diría más o menos: «He visto la película "tal" y me ha encantado. ¿Quién es ese joven que aparece al final del film? Tiene pasta de buen actor. Mis amigos y yo quisiéramos verlo pronto en alguna nueva película». Y luego firmaría con un nombre cualquiera. Semana tras semana, el actor repitió la rutina en cada presentación.

Dice Hope que ese plan significaba gastarse en sellos gran parte de lo que ganaba en sus actuaciones; pero él se decía que no era gasto, era inversión.

Su esfuerzo y su idea tuvieron su recompensa. A los tres meses, cuando llevaba ya más de cuarenta ciudades y más de cien cartas, la Warner lo mandó llamar para ofrecerle un papel en su siguiente película.

El día de la firma del contrato, Hope deslizó un comentario para evaluar el efecto de su estrategia: «¿Qué les hizo pensar en mí?». Uno de los hermanos Warner le contestó: «Cualquiera que viaje tanto y gaste tanto dinero en inventar nombres y mandar cartas merece una oportunidad».

Han pasado veinte años desde que mis apuntes escritos para mí mismo y para mis pacientes se transformaron por primera vez en *Cartas para Claudia**, y con ello en mi primer libro. Desde entonces ha sido editado veintiocho veces y ha circulado en el mundo de habla hispana de norte a sur.

A veces me preguntan «¿Cuál de todos sus libros es el que más le gusta?».

Y yo contesto (y es verdad) que todos me gustan, pero que hay dos que prefiero siempre, como creo que le sucederá a casi todos los autores: el primero y el último. Y es que aquella emoción de recibir en mi casa junto a mi familia aquella primera edición de *Cartas para Claudia* no se puede olvidar. Setecientos cincuenta ejemplares de hojas escritas en una vieja Olivetti, fotocopiadas en la imprenta de la esquina y pegadas espantosa y desprolijamente antes de ser pegadas dentro de aquella cubierta de cartulina rosa rabioso con desteñidas letras negras.

No había decidido yo editarlo tan precariamente...

Antes había intentado ofrecer mi libro a las tres editoriales que imprimían y vendían en Buenos Aires los libros relacionados con la psicología y con la conducta.

En cada una había dejado una copia del texto completo, escrito y pegado con grapas de metal.

La reacción de cada una fue diferente. La primera ni siquiera quiso recibirlo, la segunda lo recibió y aceptó que yo hablara con el editor en jefe, que me miró y me dijo en actitud muy porteña:

—*Mirá*, pibe (en aquel entonces yo tenía treinta y dos años), hay dos cosas que en Argentina no se venden: libros de psicología y libros de poesía. Si *querés* vender un libro alguna vez *escribí* sobre otra cosa.

Muchos años después, me enteré que él, pobre, escribía poesía...

El tercero, el más especial, se rió mucho y mientras me de-

* Integral, Barcelona 2006.

volvía el texto me preguntó si «sinceramente yo pensaba que esto le podía interesar a alguien».

—No lo sé —le contesté, y le expliqué que me había decidido a intentarlo empujado justamente por mis pacientes, que creían que no sólo les había servido a ellos sino que lo habían compartido y que...

El hombre se rió un poco más y me habló muy divertido sobre los centenares de proyectos de libros que le llegaban. Cada día venían una docena o más de aspirantes a ser publicados, siempre traían en sus manos el original de un libro que creían poco menos que imprescindible para la humanidad, porque sus familiares y amigos, que lo habían leído, los habían convencido de su genialidad y los habían conminado a que...

Sentí que era inútil explicarle que no me sentía incluido en ese grupo, de hecho yo también dudaba de que a alguien más le pudiera interesar lo que alguna vez había escrito para mis pacientes.

Aprendí mucho en estas entrevistas. Aprendí que no todo el mundo tiene tiempo y deseo de saber lo que uno hace y cómo lo hace; aprendí que las propias frustraciones deterioran la capacidad de análisis de las cosas de los demás; aprendí que los prejuicios de los poderosos pueden impedir el despertar de otros, y aprendí finalmente a calmar mis ansiedades y darle a las cosas el tiempo que necesitan...

Muchas cosas han pasado en mi vida personal y profesional desde entonces. Mucha trascendencia, mucho reconocimiento, mucha realización en lo laboral, muchos cambios en mi forma de ver y de intervenir terapéuticamente, demasiados cambios y todos muy halagadores. Cambios que a su vez han ido interactuando con eficiencia a lo largo del tiempo, con mis propias convicciones y con la confianza que otros muchos depositaron en mí, para ayudarme a ser, en suma, lo que hoy soy.

Te dejo este último cuento...

Hace algunos años, mientras paseaba por una de las playas de ensueño de las islas Baleares, me detuve a charlar con un viejo pescador que estiraba sus redes a lo largo de la costa. Fue él quien me contó esta historia, diciendo que había sucedido allí mismo en una de esas islas.

Hubo un tiempo en que los barcos que recorrían el Mediterráneo, ida y vuelta desde Cádiz hasta Estambul, se detenían en los puertos de las islas. Allí, mientras los cargueros descargaban sus mercaderías y se aprovisionaban de todo lo necesario para seguir su viaje, los marineros repetían el mismo ritual.

Recibían su paga y corrían a la taberna para gastarse hasta el último centavo en vino y mujeres. Y cuando el dinero se acababa, dos o tres días después, los marineros volvían al barco, saturados de alcohol y borrachos de sexo o al revés, para dormir hasta que el carguero volviera a hacerse a la mar.

El pescador me contó que un día dos marineros cruzaban el viejo puente de madera construido sobre el río, camino a la taberna. Su barco había entrado en el puerto muy temprano esa mañana y la mayoría de sus compañeros se habían adelantado, colgándose, literalmente, de los camiones de transporte para ser llevados al pueblo.

De pronto, el más joven de los dos amigos se quedó mirando por encima de la barandilla, hacia la costa del río.

—¿Qué haces? Vamos...

—Ven aquí —dijo el otro—. Mira... ¿No es hermosa?

El otro miró hacia abajo y vio a una campesina que lavaba la ropa a orillas del río. Pensó que no se refería a ella, jamás usaría la palabra hermosa para describirla, sobre todo porque, dada su edad, su costumbre y su intención, cualquier mujer que aparentara tener más de veinticinco años era una vieja.

—¿De quién hablas?

—De esa mujer... La que lava la ropa. ¿No la ves?

—Sí la veo. Pero no entiendo qué le ves de hermosa. Mira, en la taberna nos esperan decenas de mujeres mucho más jóvenes, mucho más guapas, y con toda seguridad, con mucho más deseo de complacernos que ella. Vamos, date prisa…

—No —dijo el más joven—, tengo que hablar con ella… Sigue tú, te veré en la taberna…

Dicho eso, empezó a caminar hacia abajo, por el sendero que llevaba al río.

—No tardes demasiado… —le gritó el otro saludándolo desde lejos, y siguió su camino hacia el pueblo, sonriendo, mientras movía su cabeza de un lado a otro negando con el gesto lo que había pasado.

El marinero se acercó hasta la orilla y, en silencio, se sentó en el césped, unos pocos metros por detrás de la joven, sin atreverse a hablarle.

La muchacha siguió durante más de media hora con su trabajo y luego se puso de pie, seguramente para volver a su casa cargando la cesta de la ropa ya limpia.

—¿Me permites que te ayude? —dijo el joven, insinuando el gesto de llevarle la cesta.

—¿Por qué? —dijo ella.

—Porque quiero —dijo él.

—¿Por qué? —repitió ella.

—Porque quiero caminar un rato a tu lado —dijo él con sinceridad.

—Tú no eres de aquí. Vivimos en un pueblo muy pequeño y aquí no se supone que una mujer soltera pueda caminar acompañada por un extraño.

—Entonces… déjame llevar la cesta para conocerte y que me conozcas.

Por toda respuesta, la muchacha sonrió y empezó a caminar hacia el pueblo.

—¿Cómo te llamas? —se atrevió a preguntar él, después de diez minutos de marcha.

—Nácar —dijo ella, sin pensar si debía contestar.

—Nácar… —repitió él, y luego agregó—: Eres tan hermosa como tu nombre.

Tres horas después, el muchachito entraba en la taberna y buscaba a su amigo entre el mar de gente y la nube de humo espeso que llenaba el tugurio.

Cuando sus ojos se acostumbraron a la oscuridad, vio que su amigo gesticulaba ampulosamente desde un rincón pidiéndole que se acercara. Dos hermosas mujeres casi colgaban de su cuello, riendo con él un poco como consecuencia de sus exagerados y torpes movimientos y otro poco como consecuencia del alcohol que a esas alturas debía estar alcanzando ya elevadas concentraciones en la sangre de los tres.

—Si tardabas un poco más, te quedabas sin probar el vino —le dijo cuando lo tuvo cerca. Y luego, mirando a una de las mujeres que lo acompañaban, agregó—: Sírvele un poco de vino a mi amigo, por favor…

—Escúchame… —dijo el joven—, necesito tu ayuda.

—Claro, hombre. Yo pago.

—No me entiendes. Me quiero casar.

—Ah. Yo también. ¿Tú prefieres la morena o la pelirroja?

El más joven sacudió a su amigo suavemente para llamar su atención y conseguir que su mente venciera al vino y pudiera prestarle atención.

—Pretendo casarme con Nácar, la muchacha que vimos hoy desde el puente. Y necesito tu ayuda.

—Estuviste demasiado tiempo navegando —dijo su amigo entendiendo que el jovencito hablaba en serio—. Es muy común entre los novatos como tú. Después de pasar más de tres semanas a bordo, pisan tierra y se enamoran de la primera mujer que ven. Yo lo entiendo y lo he vivido, pero decidir casarse por eso es una locura…

—Puede ser, pero la vida es, en sí, una locura. El amor es una locura y la felicidad también lo es. Yo no quiero que me juzgues, amigo mío, quiero que me ayudes…

La tarde caía cuando los dos marineros, con su uniforme de ceremonias, llamaban a la puerta de la casa donde vivía Nácar. El ritual de la isla decía que el pretendiente debía concurrir a casa de la novia con su padrino de bodas para pedirle al padre la mano de su hija. Éste pediría una dote, como era la costumbre y, si había acuerdo, se establecería en ese momento la fecha de la boda.

—¿Estás seguro de lo que haces? —preguntó el improvisado padrino.

—Más que de ninguna otra cosa —dijo el pretendiente.

Finalmente el dueño de casa apareció.

El que apadrinaba se adelantó y le dijo, parsimonioso:

—Mi amigo me ha encomendado que le acompañe para pedirle a su hija en matrimonio.

—Ah… Su amigo es muy afortunado de pretender casarse con una de mis hijas. Supongo que venís a por Anna. Ella es realmente una joya única.

—Nosotros…

—A pesar de que apenas tiene dieciocho es ya toda una mujer —siguió diciendo el hombre sin escuchar a su interlocutor—. Siempre supimos que sería la primera en dejarnos. No sólo es bellísima, sino también hacendosa, sensual y muy saludable. Nunca estuvo enferma… Como comprenderás, nos costará mucho dejarla ir con su amigo, pero veo que sois gente buena… Te la daré por el valor de veinte vacas.

—Es que…

—No, no. Ni una menos. Ella lo vale.

—Yo lo entiendo —dijo el amigo del novio—, pero no es Anna la novia pretendida.

—Oh… Qué agradable sorpresa —dijo el hombre—. Yo creía que ya no quedaban jóvenes que valoraran la inteligencia. Rubí es la más inteligente de las tres. Si bien se puede decir que no tiene el cuerpo perfecto de su hermana menor, lo compensa con una mente brillante. Una sagaz compañera y una amiga fiel. No dudo que será una excelente madre. Por ser vosotros, os la puedo dar por trece vacas. Y no lo dudéis, es muy buen precio.

—Se lo agradezco mucho, señor, pero mi amigo pretende pedir en matrimonio a su hija Nácar.

Aunque trató de disimularlo, un rictus de sorpresa y de incredibilidad pasó por el rostro del jefe de familia.

—Nácar... —balbuceó—. Claro... Nácar.

—Sí. Nácar.

—Me parece... me parece... —el hombre trataba de encontrar una palabra que no conseguía hallar.

—¡Maravilloso! —dijo al fin—. Sólo un hombre inteligente y bondadoso puede ver la belleza oculta en una mujer. Ciertamente tiene mucho que aprender pero también tiene una gran disposición a aprenderlo. Es una buena oportunidad para conseguir una buena esposa a buen precio. Considerando que es la mayor te la daré por el valor de siete vacas... Bueno, quizá seis... pero nada menos.

—Señor —dijo en ese momento el pretendiente—, permítame que le confirme en persona mi decisión de casarme con su hija Nácar. Sólo quiero poner una condición con respecto al precio.

—No abuses de tu futuro suegro, querido joven. El pequeño tema de su cojera es un asunto sin importancia... No se puede conseguir nada por ese precio en esta isla.

—Justamente por eso —dijo el joven— quisiera tomarla como esposa; pero quiero pagar por ella el equivalente a veinte vacas, como pides por la mejor de tus hijas, y no sólo seis.

—¿Qué dices? ¿Estás loco? —dijo su amigo tratando de frenar su estupidez—. Dijo que te la daría por seis. Además cojea. ¿Por qué quieres pagar por ella más de lo que vale?

—Porque no creo que ella valga menos que su bella y joven hermana.

—Trato hecho. Veinte vacas —se apresuró a decir el padre.

Y añadió, quizá temiendo un arrepentimiento—: ¡Pero que la boda sea lo antes posible!

Así, los amigos se separaron. Uno de ellos volvió al barco y el otro se quedó en la isla.

Pasaron cinco años antes de que el destino volviera a traer al marinero al mismo puerto, pero apenas llegó él no pudo pensar en otra cosa que en su joven amigo. ¿Qué habría sido de él? ¿Se habría casado? ¿Cuánto habría durado su matrimonio? ¿Estaría aún en la isla?

Preguntando por aquí y por allá, por aquel joven marinero que alguna vez se había casado con la hija del isleño, le dijeron que ahora vivía en una casa muy humilde que se había construido con sus propias manos, muy cerca de la cima de la montaña. Subiendo por el camino del oeste llegaría, después de media hora de marcha, a casa de su amigo.

Su estado físico le habría permitido llegar antes, pero lo detuvo una extraña procesión con la que se cruzó al empezar a subir la cuesta. Decenas de hombres y mujeres bajaban al pueblo. Llevaban en hombros a una bellísima mujer a la que permanentemente le tiraban pétalos de flores, le cantaban y adulaban. Ella mientras tanto parecía irradiar luz; de hecho, sólo pasar a su lado lo hizo sentir mejor. Sonriendo a todos, la hermosa mujer saludaba alargando la mano una y otra vez a los que se acercaban a tocarla.

Tuvo que resistir la tentación de ir tras ellos y sumarse al extraño ritual; pero finalmente llegó a la casa que le habían indicado. Todo parecía tan cuidado y ordenado, que el marinero pensó por primera vez que quizá debiera empezar a pensar en sentar cabeza.

Golpeó la puerta y su viejo camarada abrió en seguida.

—Querido amigo… —le dijo al verlo—. ¡Qué sorpresa verte por aquí! ¿Cuándo echaron el ancla?

—Esta mañana… He venido apenas he desembarcado para saber de ti. ¿Cómo estás?

—Ya me ves… Estoy muy bien, muy feliz.

—Cuánto me alegra… ¿Y tu… esposa? —casi tenía miedo de preguntar.

—Ah, qué pena me da que no esté aquí. Hoy es su cumpleaños y la gente del pueblo la vino a buscar para agasajarla; la quieren tanto… La tratan como si fuera una santa. Debes haberte cruzado con ellos al subir…

—Ah… sí, claro. ¿Cómo iba saber que era ella? Ni siquiera sabía que te volviste a casar.

—¿Yo, volverme a casar? ¿Qué dices? Sigo casado con Nácar, la joven cuya mano pediste para mí.

—¿Pero no dices que es la que llevaban en andas hacia el pueblo? Ésa no podía ser ella…

—¿Cómo que no podía?

—Perdona, amigo mío, yo la conocí. Nácar era una mujer que aparentaba hace cinco años mucha más edad que la joven de la procesión. Además, ésta era bellísima y tu esposa… Perdona que te lo diga pero no era…

—No, no era… como es. Pero se ha vuelto así como la viste.

—Pero… ¿cómo puede ser?

—Pues no lo sé… Quizá se deba a la dote…

—¿Cómo dices?... No te entiendo.

—Yo pagué por ella una dote de veinte vacas, el precio que se pagaba por las más hermosas, tiernas y maravillosas mujeres, la traté siempre como a una mujer de veinte vacas y la ayudé a que supiese que eso era. Tal vez eso la empujó a convertirse en la fantástica y bella mujer que hoy es…

Pese a las dificultades, con conciencia absoluta de las complicaciones, conociendo los riesgos y a pesar del dolor de lo que no resultó como pensábamos, este último paso nos invita a no dudar de que, al final, el resultado será aquel que hemos previsto y deseado.

En lo personal estoy convencido de que en cualquier camino, el último paso nunca lo es por casualidad y siempre nos carga con la odiosa sensación de que todo lo anterior podría no servir si fallamos en este último momento.

Este vigésimo paso es para mí la puerta que nos permite, en muchos sentidos, dejar atrás lo pasado. Es el pasaporte seguro hacia lo que viene.

En las circunstancias más difíciles y en los momentos en los que nos invade la sensación de haber perdido el rumbo, la certeza del resultado final es justamente lo que podrá hacernos recuperar la fuerza para hacer y para arriesgar; la motivación para avanzar, para desear, para insistir, para valorar el camino recorrido y para seguir luchando por lo que creemos.